처음이세요?

전문가세요?

AI 로봇 윤리

김상득

대한민국, 서울, 커뮤니케이션북스, 2024

AI 로봇 윤리

지은이 김상득
펴낸이 박영률

초판 1쇄 펴낸날 2024년 8월 31일

커뮤니케이션북스(주)
출판 등록 2007년 8월 17일 제313-2007-000166호
02880 서울시 성북구 성북로 5-11
전화(02) 7474 001, 팩스(02) 736 5047
commbooks@commbooks.com
www.commbooks.com

ISBN 979-11-288-6688-3 03500

책값은 뒤표지에 표시되어 있습니다.

차례

기계가 윤리를 만나다

'AI 로봇의 윤리'는 AI, 로봇, 윤리 등의 세 개념으로 구성된 복합 개념이다. 따라서 AI 로봇의 윤리가 무엇인지를 이해하자면 각 개념에 대한 간단한 이해가 필요하다. 'AI'는 영어 'Artificial Intelligence'의 약자로 인공지능을 뜻한다. 학술적 정의는 복잡하지만 인공지능이란 '인간이 만든 지능'을 뜻한다. 로봇이라는 개념 역시 이와 무관하지 않다. '로봇'이라는 단어는 1921년 발표된 체코의 작가 카렐 차페크(Karel Capek)의 희곡 『로섬의 보편적 로봇(Rossum's universal robots)』에 처음 사용되었는데, 체코어 '로보타(robota)'는 원래 '허드렛일' 또는 '노예 상태'를 뜻한다. 즉, 로봇은 사람이 아니면서 사람처럼 일하는 기계를 뜻한다. 사람처럼 일하려면 사람의 근본 특성 중 하나인 지능을 가져야 하기 때문에 오늘날 로봇은 자연스럽게 인공지능과 결합하게 되어 'AI 로봇'이 일상화되었다. 그렇다고 로봇이 언제나 사람 모양을 하고 있는 것은 아니다. AI 로봇의 본질은 사람처럼 지능을 갖고 생각하고 행동한다는 데 있다. 그 형태가 사람 모양

이든 아니든, 혹은 형체가 없는 소프트웨어든 사람처럼 생각하고 행동한다면 모두 AI 로봇이라고 말할 수 있다. 따라서 AI 로봇은 로봇 청소기는 물론 전쟁에 사용되는 드론, 자율 주행 자동차, 챗지피티(ChatGPT) 등을 모두 포괄하는 넓은 의미로 사용하고자 한다.

왜 로봇 윤리학인가?

AI 로봇은 지능을 갖춘 기계인데 "도대체 왜 윤리인가?"라고 우리는 반문할 수 있다. 우선 개념적으로 윤리와 도덕은 같은 의미로 사용되기 때문에 이 책에서도 혼용되어 사용하고 있음을 밝혀 둔다. 이제까지 윤리는 인간의 고유한 특성이기에, AI 로봇의 윤리란 '인간이 아닌 기계의 윤리'로 앞뒤가 맞지 않은 모순 어법처럼 들리기 때문이다. 실제로 윤리는 '사람으로서 마땅히 행하거나 지켜야 할 도리'를 뜻한다. 이러한 의구심은 우리말 윤리에 해당하는 영어 'ethics'가 갖는 이중적 의미를 이해하게 되면 해소될 수 있다. 이 단어를 우리는 일상적으로 윤리로 번역하지만 때로는 '윤리학'을 뜻한다. 윤리학은 윤리가 무엇인지를 철학적으로 탐구하는 학문이다. 따라서 'AI 로봇의 윤리'는 엄밀하게 말하면 'AI 로봇의 윤리학'으로 학계에서는 간단하게 '로봇 윤리학(robot ethics)'

이라 부른다. 다시 말해, AI 로봇의 윤리는 AI 로봇의 발달이 제기하는 윤리적 물음이 무엇이며, 그러한 물음에 관한 합당한 윤리적 해결책이 무엇인지를 철학적으로 탐구하는 학문이라고 말할 수 있다.

AI 로봇이 던지는 윤리적 물음은 '로봇의 윤리'에서 영어의 소유격(of)을 어떻게 해석하느냐에 따라 크게 둘로 구분된다. 하나는 주격으로 해석하는 일이요, 다른 하나는 목적격으로 해석하는 일이다. 주격으로 해석하면 로봇이 따라야 하는 윤리를 말하고, 목적격으로 해석하면 로봇에 대해 우리 인간이 지켜야 하는 윤리를 말한다. 로봇 윤리학의 일차적 대상은 후자, 즉 AI 로봇의 제작 및 사용과 관련해 인간이 마땅히 준수해야 하는 윤리를 뜻한다. 한 예로 이제 전쟁은 사람의 전쟁이 아니라 로봇의 전쟁으로 탈바꿈하고 있다. 무고한 민간인을 살해할 수 있는 전쟁 드론을 생각해 보자. '전쟁 드론'으로 불리는 이러한 드론을 제작해도 좋은가라는 물음이 로봇 제작과 관련한 제작자나 설계자의 물음이라면, 이러한 드론을 실제 전쟁에서 어떻게 사용하며 그에 따른 책임은 누가 감당하는가의 물음은 로봇의 사용과 관련된 물음이라고 할 수 있다. 그래도 이러한 물음은 이미 널리 통용되고 있는 공학 윤리의 연장선상에서 논의될 수 있다. 하지만 AI 로봇이 따라야 하는 윤리는 그 성격이 판이하게 다르다. 왜냐하면 AI 로봇 자체를 윤리의 주체로 받아들이기 때문이다. 그래서 일부 학자들은 이를 사람의 윤리가 아니라 기계의 윤리라는 점에 착안해 '기계 윤리학(machine ethics)'이라 부른다. 따라서 로봇 윤리학은 로봇의 제작 및 사용과 관련해 사람이 따라야만 하는 로봇 윤리와 기계가 따라야 하는 윤리, 즉 기계 윤리를 포괄하는 학문이다.

로봇 윤리학의 이러한 성격은 최초의 로봇 윤리 체계로 우리가 알고 있는 아이작 아시모프(Isaac Asimov)의 '로봇 공학 3원칙'에 고스란히 담겨 있다. 이 세 원칙의 근본은 해악 금지의 원칙이다. 즉, 인간의 편의를 위해 인간이 로봇을 만들었기 때문에 로봇은 인간에게 그 어떠한 경우에도 해악을 가해서는 안 된다는 것이 아시모프의 로봇 공학 3원칙의 핵심 주장이다. 물론 우리는 이 원칙들이 갖는 이론적 또는 실천적 한계를 비판적으로 논의할 수 있다. 하지만 여기서 우리가 주목해야 할 사실은 각 원칙의 주어는 문법적으로 '로봇'이지만 실제로는 '인간'이라는 사실이다. 문자 그대로 해석하면 이는 우리 인간에 대해 로봇이 마땅히 지켜야 하는 윤리 원칙, 즉 기계 윤리임에 분명하지만, 그 이면을 들여다보면 이는 로봇 제작과 관련된 인간의 윤리다. 왜냐하면 아시모프가 이 원칙을 제안할 당시뿐 아니라 지금도 로봇은 '온전한 자율적 행동'이 불가능해 윤리의 주체가 될 수 없기 때문이다. 다시 말하면, 이 원칙은 로봇 자체의 윤리가 아니라 로봇의 설계자, 제작자, 그리고 사용자들이 지켜야만 하는 인간의 윤리라 하겠다. 이처럼 아시모프의 로봇 윤리 원칙은 형식적인 측면에서는 로봇이 지켜야 할 윤리이지만, 그 실질적 내용 측면에서는 로봇과 관련해 인간이 지켜야 할 윤리를 뜻한다.

AI 로봇의 존재론적 특성과 윤리

인간의 지능을 갖추었다고 해도 AI 로봇은 분명 인간이 만든 기계다. 하지만 로봇은 이전의 기계와는 전혀 다른 존재론적 특성을 지닌다. 지금까지의 기계는 주로 인간의 몸을 보완하거나 확장하는 기능을 감당해 왔다. 예를 들어 칼은 인간이 가진 손의 한계를 보완해 주고, 전화기는 인간 몸이 갖는 공간적 한계를 극복해 주었다. 그런데 인간은 물질이나 동물과 달리 마음 또는 정신을 지닌 존재로, 지금까지 '만물의 영장'으로 스스로를 칭송했다. 4차 산업 혁명의 총아인 인공지능은 인간 몸이 아니라 인간 마음 또는 정신을 지닌 기계를 만들어 내고 있다. 물론 지능은 마음의 기능이지 마음 자체는 아니다. 따라서 AI 로봇이 마음을 지닌다고 난언할 수는 없다. 하지만 지능이 없는 마음을 상상할 수 없을 정도로 지능은 인간 마음에서 중요한 역할과 기능을 감당한다. 마음 또는 정신은 크게 세 요소를 지닌다. 첫째는 인지적 요소, 둘째는 정서적 요소, 마지막 셋째는 도덕적 요소다. 물론 이 세 요소는 서로 밀접하게 연관되어 상호작용을 하지만, 우리 마음은 인지적 역할만 하는 게 아니라 정서적 역할도 하고, 심지어 의지적으로 도덕적 판단을 내리기도 한다. 이에 따라 AI 로봇 역시 지능을 지님으로 말미암아 적어도 논리적으로는 인지적 기계, 정서적 기계, 도덕적 기계 등으로 진화할 수 있는 개연성을 갖고 있다.

AI 로봇의 이러한 진화 가능성은 자율성과 밀접하게 연관되어 있다. 인간의 마음이 물질과 다른 이유는 무엇인가? 물질은 인과론의 지배를 받지만 인간 마음은 그렇지 않다. 즉, 인간의 마음은 자유 의지를 지닌다. 그래서 외적 원인들이 동일해도 사람들은 서로 다른 의지를 가질 수 있다. 자유 의지를 지님으로써 인간은 스스로 생각하고, 스스로 판단하고 그리고 스스로 행동한다. 이를 자율성이라 한다. 사물과 달리 인간은 자율적 존재다. 그러면 사람을 닮은 AI 로봇은 자율적인가? 물론 인간이 만든 기계라는 점에서 AI 로봇은 인간 존재와 다르다. 또 인간처럼 AI 로봇이 자유 의지를 지니는지도 의문스럽다. 하지만 생각, 판단, 행동의 측면에서 AI 로봇은 인간의 자율성을 점점 닮아 가고 있다는 사실은 분명하다. 즉, 로봇은 제작자가 입력해 놓은 알고리즘에 따라 주어진 작업만 단순 반복하는 '자동화' 단계를 넘어 인간의 개입이나 간섭 없이 외부 환경 변화와의 상호작용에 따라 스스로 선택하고 작동하는 '자율화'의 단계로 진화하고 있음이 분명하다. 실제로 우리에게 익숙한 바둑 인공지능 '알파고(AlphaGo)'는 스스로 생각하고 추론해 자신의 돌을 바둑판의 어느 점에 둘 것인가를 결정한다. 제작자나 설계자 혹은 알고리즘 프로그래머가 분명 존재하지만, 이들 중 어느 누구도 '알파고'의 착수를 예측하거나 결정하지 못한다. 이처럼 그 생각이나 추론 혹은 판단이 인간 제작자와 독립적이라는 점에서 '알파고'는 자율적이라고 말할 수 있다. 이러한 자율성은 오늘날 대중화되고 있는 생성형 인공지능 '챗지피티'에서도 확인되고 있다. 생성형 인공지능은 소위 '딥러닝(deep learning)'을 통해 인간의 물음에 대해 자율적인 답을 제시한다. 이러한 취지에서 케이스 애브니(Keith Abney)는 "로봇은 해방될 것이다"라고 예견한다. 여기서 해방이란 인간의 통제로부터 벗어난 자율성을 뜻한다.

AI 로봇은 이처럼 발전하고 있는 과정적 존재다. 따라서 우리는 로봇을 일의적으로 규정할 수는 없다. 하나의 로봇(the robot)이 아니라 일종의 '로봇 집합'으로, 로봇은 그 종류가 다양하다. AI 로봇이 제기하는 윤리적 물음은 그 진화 정도에 따라 다르다. 즉, 로봇은 진화의 정도에 따라 존재론적 특성이 다르고, 존재론적 특성의 차이로 인해 발생하는 윤리적 물음 역시 달라질 수밖에 없기 때문에 로봇 윤리학은 일차적으로 "로봇을 존재론적으로 어떻게 분류해야 하는가?"를 묻는다. 윤리의 근본 전제는 자율성이다. 타율적으로 강요된 행위에 대해 우리는 윤리를 물을 수가 없을 뿐만 아니라 아직 자율적으로 판단하고 행위할 수 없는 어린아이에 대해서도 우리는 윤리적으로 행위하라고 요구할 수 없다. 이러한 이유로 지안마르코 베루지오(Gianmarco Veruggio)와 피오렐라 오페르토(Fiorella Operto)는 자율성을 준거점으로 삼아 로봇을 아래와 같이 넷으로 분류한다.

① 로봇은 단지 기계에 불과하다.

② 로봇은 윤리적 차원을 지닌다.

③ 로봇은 도덕 행위자다.

④ 로봇은 새로운 종의 진화다.

로봇 윤리학의 분류

로봇이 자율성을 전혀 지니지 않은 단순한 기계에 불과하다면 사실 별도의 윤리적 물음을 낳지 않기에 ①의 경우 로봇 윤리학은 성립하지 않는다. 그렇다고 ①의 로봇이 윤리와 무관하다는 뜻은 아니다. 예를 들어, ①에 해당하는 로봇 청소기가 잠을 자고 있는 유아의 머리를 먼지로 알고 빨아들인다면 이는 분명 유아에게 도덕적 해악을 입히는 결과를 낳기에 윤리와 무관하다고 말할 수 없다. 하지만 이러한 윤리적 결과는 모든 기술 또는 제품의 경우에도 일어난다. 한 예로 자동차가 오작동으로 사람을 치어 죽일 수 있다고 해서 '자동차 윤리학'이 성립하지 않듯이, ①의 로봇은 일반적 기술이나 제품과 다른 고유한 윤리 물음을 낳지 않는다. ② 이상으로 로봇이 진화할 경우 새로운 윤리 물음이 발생한다. 즉, AI 로봇 자체가 윤리적 차원을 지니게 될 때 비로소 로봇 윤리학이 성립한다. 그러면 로봇의 진화에 따라 어떤 새로운 윤리 물음이 발생하는가? 로봇에 관한 앞서의 존재론적 분류를 준거 틀로 삼아 각각의 단계에서 로봇이 던지는 윤리적 물음을 우리는 다음과 같이 간략하게 정리할 수 있다.

① 기계: 로봇의 제작 및 이용의 윤리는 무엇인가, 로봇이 야기하는 사회적 · 윤리적 문제는 무엇인가?

② 윤리적 차원: 로봇이 윤리적으로 행동하도록 하는 윤리적 알고리즘은 가능한가?

③ 도덕 행위자: 로봇은 도덕 판단을 할 수 있는가, 로봇은 도덕 행위자가 될 수 있는가?

④ 새로운 종: 로봇은 권리를 지니는가, 인간과 로봇의 공생 윤리는 무엇인가?

이 각각에 대해 우리는 ①은 공학 윤리, ②는 로봇 윤리학, ③은 기계 윤리학, 그리고 ④는 안드로이드 윤리학이라는 이름을 붙일 수 있다. 이처럼 로봇 윤리학은 좁은 의미로는 ②를 지칭하지만, 넓은 의미로는 이 네 종류 모두를 포함한다. 일단 로봇의 진화가 앞 단계를 배척하는 게 아니라 포함하고 있기 때문에 공학 윤리는 모든 단계의 로봇에게 적용된다. 즉, 로봇의 제작이나 사용의 윤리, 그리고 로봇의 사회적 결과에 함의된 윤리 물음 등은 모든 단계의 로봇에게 보편적으로 발생한다. 소위 '인공지능 윤리의 5대 문제'로 알려진 AI의 편향성 문제, AI의 오류와 안전성 문제, AI 악용 문제, 개인 정보 보호 문제, 킬러 로봇 문제 등은 이미 우리 발등에 떨어진 현실의 문제다. 물론 이는 우리 사회가 집단 지성을 통해 그 해결책을 강구해야 한다.

하지만 AI 로봇 윤리학이 다루는 학문적 주제는 이와 사뭇 다르다. 일단 우리는 안전성의 문제와 윤리의 문제를 구분해야 한다. 물론 안전하지 않은 기술이나 기계는 윤리적 해악을 발생시킨다. 우리나라의 가습기 살균제 사건은 그 단적인 예다. 하지만 안전성의 문제는 기술상의 문제다. 윤리의 문제는 이보다 더 본질적이다. 즉, 과학이나 기술은 할 수 있으면 해도 좋다는 논리에 따라 할 수 있는 영역을 확장시켜 왔다면, 윤리학은 할 수 있는 것에 대해 과연 그렇게 해도 좋은가를 묻는다. 이를 AI 로봇에게 적용하면 윤리 물음은 안전성이 확보된 AI 로봇과 관련해서 발생한다고 하겠다. 안정성이 확보되지 않았다면 그러한 로봇의 사용은 도덕적 악을 낳기 때문에 당연히 비윤리적이다.

안전성의 문제와 윤리의 문제를 구분해야 할 뿐만 아니라 개발·제작의 문제와 사용의 문제도 구분해야 한다. 물론 '윤리적 사용'은 인간의 실존적 삶에서 매우 중요하다. 그리고 AI 로봇의 경우 그 사용이 더욱 정교할 수 있고 또 잘못 사용할 경우 그 윤리적 해악이 다른 기술이나 기계에 비해 더 클 수 있다. 실제로 AI 로봇을 어떻게 사용하느냐에 따라 우리의 도덕 공동체는 크게 달라질 것이다. 따라서 그 어떤 기술이나 기계보나 AI 로봇의 윤리적 사용은 아무리 강조해도 지나치지 않다. 하지만 사용의 문제는 AI 로봇에게만 관련된 문제가 아니다. 모든 기술과 기계는 그 정도에 있어서는 차이가 있지만 사용의 문제를 낳는다. 심지어 커피와 같은 일상적인 소비마저도 '윤리적 소비'를 강조하는데, 이 역시 사용의 문제다. 이런 관점에서 보면 제작 및 사용과 관련된 이러한 문제는 모든 기계 또는 기술과 관련된 보편적인 물음이지 AI 로봇 윤리학의 고유한 문제로 보기 어렵다.

이런 보편적 윤리 물음을 떠나 ②의 로봇부터는 새로운 고유한 윤리 물음을 발생시킨다. 윤리적 차원을 지닌 로봇이란 쉽게 말해 로봇으로 하여금 윤리적으로 판단하고 행동하게끔 알고리즘이 아예 프로그램화된 로봇을 말한다. 돌보는 노인의 호흡이나 심장 박동에 이상이 있음을 감지하면 즉시 119에 신고하도록 제작자나 설계자가 알고리즘으로 프로그램화해 둔 노인 돌봄 로봇이 이에 해당한다. 이렇게 프로그램화해 두면 AI 로봇은 스스로 생각하거나 판단해 행동을 결정하지 않고 알고리즘에 따라 결정하고 행동한다. 이러한 로봇에게 발생하는 물음은 크게 둘로 구분된다. 하나는 AI 로봇에게 어떤 윤리를 프로그램화해야 하는가의 물음이고, 다른 하나는 AI 로봇으로 하여금 어떻게 윤리를 구현하도록 하는가의 물음이다. 후자는 로봇 공학에게 주어진 숙제로, 다분히 기술적인 문제라고 말할 수 있다.

하지만 전자는 규범적인 문제로 사회적 합의가 필요하다. 우리 인간은 윤리적 존재임에는 분명하지만, 개인 각자가 따르고 있는 윤리는 서로 다르다. 공리주의 윤리, 칸트주의 윤리, 덕 윤리 등 여러 윤리 이론이 존재하고 있다는 역사적 사실이 이를 뒷받침해 준다. AI 로봇이 이런 여러 윤리 이론 가운데 어느 윤리를 따르도록 해야 하는가의 물음이 바로 전자의 규범적인 문제다. 인간이 따라야 하는 윤리 이론에 관해서도 윤리학계에서는 합의가 이뤄지지 않고 있다는 점을 상기한다면, AI 로봇의 경우에도 마땅히 따라야 하는 윤리 이론에의 합의는 쉬운 일이 아니다. 왜냐하면 AI 로봇의 경우는 인간의 경우에는 제기되지 않는 또 다른 윤리 물음이 도사리고 있기 때문이다. 즉, '인간에게 적용되는 윤리 이론을 AI 로봇에게 적용해야 하는가?'라는 물음이다. 이에 대해 일부 학자들은 인간과 AI 로봇의 존재론적 차이점을 들어, AI 로봇의 윤리는 인간의 윤리와 달라야 한다고 주장한다. ②에 속하는 AI 로봇에게 윤리적 알고리즘을 프로그램화하는 일은 단지 로봇 공학적인 기술적 문제뿐 아니라 이러한 규범적 문제를 안고 있기에 결코 쉬운 작업이 아니다.

기계 윤리학과 안드로이드 윤리학

③의 범주에 속하는 기계 윤리학은 ②의 경우보다 보다 심오한 철학적 물음을 낳는다. ③ 범주에 속하는 로봇은 비록 마음이나 자유 의지 등과 같은 형이상학적 실체를 지니지는 않지만 그 기능에 있어서는 자율적으로 도덕 판단을 내리고 또 그에 따라 자율적으로 행동할 수 있을 정도로 진화한 로봇을 말하기 때문이다. 예를 들어, 오늘날 사회적 문제로 회자되고 있는 자율 주행 자동차의 터널 내 딜레마 상황을 생각해 보자. 즉, 무단 횡단하는 보행자를 치어 죽게 할 것인지, 아니면 보행자를 보호하기 위해 외벽을 향하도록 운전대를 돌려 탑승자를 죽게 할 것인지를 AI 로봇이 선택해야 하는 절박한 상황이 발생했다. 이러한 상황에서 설계자가 프로그램화한 알고리즘에 따라 AI 로봇이 자동적으로 또는 기계적으로 결정한다면 ②의 범주에 속하지만, 그렇지 않고 AI 로봇 자체가 스스로 생각해 결정을 내린다면 ③의 범주에 속한다. 물론 이 경우에도 과연 이러한 결정이 기술적으로 가능한가의 물음이 제기되지만 가능하다고 할 경우 AI 로

봇에 관해 제기되는 윤리적 물음이 바로 ③의 기계 윤리학 범주에 속한다. 우리는 이러한 딜레마 상황의 경우 둘 다 살릴 수 있는 방안이 있다면 좋겠지만 그럴 수 없다면 AI 로봇은 어떤 결정을 내려야 하는가를 곧장 묻는다. 하지만 이 물음에는 보다 근본적인 몇 가지 철학적 물음이 함의되어 있다. 그 첫째는 AI 로봇이 이러한 결정을 내리는 주체, 즉 도덕 행위자가 될 수 있는가의 물음이요, 둘째는 AI 로봇이 내리는 판단과 행동을 윤리 판단 및 윤리적 행동으로 규정할 수 있는가의 물음이다. 그리고 마지막 셋째는 AI 로봇의 이러한 결정에 뒤따르는 결과에 대한 도덕적 책임은 누구에게 또는 무엇에 귀속되느냐의 물음이다. 윤리를 인간의 전유물로 간주하는 전통적인 윤리 이론에 따르면 이러한 물음에 대해 우리는 부정적으로 대답할 수밖에 없는데, 기계 윤리학은 이에 도전하면서 윤리의 영역을 AI 로봇마저 포함하도록 확장할 수 있는 가능성을 탐구한다.

기계 윤리학과 달리 ④는 AI 로봇이 더 진화해 새로운 종으로 등극하는 단계를 말한다. 즉, 일부 학자들은 단순한 해방 차원을 넘어 AI 로봇이 인간과 동등한 새로운 종으로 진화할 것이라고 확신한다. 소위 '포스트 휴먼(post-human)'의 등장이다. '포스트 휴먼'이란 말 그대로

'휴먼 다음의 인간'으로 인간의 한계를 뛰어넘어 존재하는 신인류를 뜻한다. 예를 들어, 우리는 생명 공학 기술을 이용해 유전자를 편집하거나 성형해 지금보다 능력이 향상된 인간을, 또 기계와 인간의 결합을 통해 전에 없던 능력을 지닌 새로운 사이보그 종을 만들어 내고 있는데, 인간의 야망은 여기서 끝나지 않고 인간의 모든 능력을 훨씬 능가하는 AI 로봇마저 꿈꾸고 있다. 유전적 강화 인간, 사이보그, 그리고 AI 로봇이 머지않은 미래에 우리와 더불어 살아가는 포스트 휴먼이 될 것이다. 일부 미래학자들은 2029년 무렵에는 인간 지능을 능가하는 '초 인공지능 로봇'이 출현할 것이라 예견하기도 한다. 이렇게 진화하게 되면 전혀 다른 윤리 물음이 발생한다. 그것은 바로 우리 인간이 AI 로봇을 윤리적으로 어떻게 대우해야 하는가의 물음이다. 많은 학자들은 AI 로봇이 감정마저 지니게 되면 인간과 동등하게 대우해야 한다고 주장하면서 AI 로봇도 인간과 동등한 도덕적 권리를 지닌다고 주장한다. '위드 AI' 시대에 필요한 윤리가 무엇인가의 물음들을 다루는 분야가 ④의 안드로이드 윤리학이다.

"AI 로봇의 윤리"라는 제목이 말해 주듯이 이 책은 지금까지 논의한 로봇 윤리학, 기계 윤리학, 그리고 안드로이드 윤리학에서 제기되는 중요한 윤리학적 물음들-예를 들어, 로봇의 존재론, 로봇의 도덕 행위자 가능성 물음, 전쟁 로봇의 윤리, 로봇의 권리, 로봇의 도덕적 책임 등의 열 가지 물음-을 개괄적으로 다룰 것이다. 이러한 논의를 통해 지금까지의 인간 중심주의 윤리에서 벗어나 AI 로봇도 윤리의 주체가 될 수 있는 새로운 지평이 열리게 될 것이다.

참고문헌

고인석(2022). 『인공지능과 로봇의 윤리』, 세창출판사.

김상득(2020). 기계의 메타 윤리학: AI 로봇의 윤리적 결정을 중심으로. ≪동서철학연구≫, 96, 319-346쪽.

변순용·송선영(2015). 『로봇윤리란 무엇인가?』. 어문학사.

신상규(2016). 인공지능시대의 윤리학. ≪지식의 지평≫, 21, 1-16쪽.

전창배(2021). 인공지능 윤리의 개념과 5대 핵심. 고영상 외, 『인공지능 윤리 개론』(1-28쪽). 커뮤니케이션북스.

Assro, P. M.(2017). What should we want from a robot ethics?. In W. Wallach & P. Assaro(Eds.), *Machine ethics and robot ethics*(pp.87-94), New York, NY: Routledge.

Veruggio, G., & Operto, F.(2017). Roboethics: A bottom-up interdisciplinary discourse in the field of applied ethics in robotics. In W. Wallach & P. Assaro(Eds.), *Machine ethics and robot ethics*(pp.79-85). New York, NY: Routledge.

Wallach, W., & Allen, C.(2009). *Moral machine: Teaching robots*

right from wrong, New York: Oxford University Press.
노태복 옮김(2014) 『왜 로봇의 도덕인가』. 메디치.

01
로봇 윤리와 기계 윤리

로봇 윤리학의 효시는 아시모프의 로봇 공학 3원칙이다. 로봇의 제작 및 사용과 관련해 사람이 지켜야 할 윤리가 무엇인지를 묻는 로봇 윤리학은 로봇이 자율적인 행위자로 진화함에 따라 로봇 자체가 지켜야 할 윤리가 무엇인지를 탐구하는 기계 윤리학으로 발전했다. 기계 윤리학은 도덕적 기계의 가능성 및 그와 관련된 윤리적 물음을 다룬다.

AI와 1인 창업?

로봇이라는 개념은 1921년에 만들어졌지만 로봇 윤리학(robot ethics)이라는 용어는 이로부터 80년이 지난 2004년 한 심포지엄에서 지안마르코 베루지오(Gianmarco Veruggio)에 의해 처음으로 소개되었다. 하지만 로봇 윤리의 효시는 1941년에 발표된 아이작 아시모프(Isaac Asimov)의 '로봇 공학 3원칙'이다. 그는 3 원칙을 발표한 후 약 40년의 시간이 지난 다음 '제0원칙'을 추가해 아래의 4원칙을 제안했다.

원칙 0: 로봇은 인류에게 해를 끼쳐서는 안 되며, 위험에 처한 인류를 방관해서도 안 된다.
원칙 1: 로봇은 인간을 다치게 해서는 안 되고, 위험에 처한 인간을 방관해서도 안 된다.
원칙 2: 로봇은 인간이 내린 명령에 복종해야 한다. 다만 명령이 1원칙과 상충되는 경우에는 예외로 한다.
원칙 3: 로봇은 1원칙 · 2원칙과 갈등하지 않는 한에서 자기를 보호해야 한다.

로봇의 제작 및 이용에 대한 인간의 윤리

물론 '제0원칙'을 추가한 이유는 세 원칙들이 상충할 때 이를 해결할 보다 고차원적인 윤리 원칙이 필요했기 때문이지만, 일부 학자들은 '인간'을 '인류'로 바꾼 것에 착안해 혹시 있을지 모르는 외계인과의 우주 전쟁 때문이라고 해석한다. 우주 전쟁이 일어난다면 지구에 존재하는 모든 로봇들은 지구의 인류를 구해야 한다는 의미가 제0원칙에 함의되어 있다는 것이다. 물론 우리는 이 원칙들이 갖는 이론적 또는 실천적 의미를 비판적으로 논의할 수 있다. 하지만 우리는 여기서 각 원칙의 주어가 '로봇'이라는 점에 주목하고자 한다. 이 네 원칙은 윤리 원칙이다. 따라서 이 원칙의 주어에 해당하는 로봇은 윤리 원칙을 지켜야 하는 윤리적 의무를 지닌다. 달리 말해, 아시모프는 지금 로봇이 윤리적 의무의 주체라고 주장하고 있다. 이는 윤리학 역사에서 혁명적인 일이다. 왜냐하면 지금까지 윤리적 의무의 주체는 오직 인간밖에 없었기 때문이다. 윤리는 오직 인간의 전유물로, 인간만이 윤리적 존재였다. 그렇다고 아시모프가 실제로 로봇을 윤리적 의무의 주체로 간주했다고 보기는 어렵다. 즉, 문자 그대로 해석하면 이는 로봇이 인간에 대해 마땅히 지켜야 하는 윤리 원칙임에 분명하지만, 그 이면을 들여다보면 이는 인간이 로봇을 제작할 때 지켜야 할 윤리 원칙이다. 왜냐하면 문장의 형식상 주어는 분명 로봇이지만, 그의 의도는 인간은 이러한 윤리 원칙에 어긋나는 로봇을 제작해서는 안 된다는 것이기 때문이다. 우리는 아시모프의 이러한 로봇 윤리 원칙에서 서로 구분되는 두 가지 윤리를 만나게 된다. 하나는 로봇의 제작과 관련된 인간의 윤리이고, 다른 하나는 로봇이 인간에 대해 가져야 할 윤리다. 물론 이 둘은 로봇과 관련되어 있다는 공통점을 지니지만, 다른 한편으로는 윤리 수행의 주체가 전혀 다르기 때문에 구분되어야 한다. 로봇 윤리학을 처음 소개한 베루지오는 주로 전자의 의미로 다음과 같이 정의했다.

> 로봇 윤리학은 서로 다른 신념을 지닌 사회 집단들이 공유할 수 있는 과학적/문화적/기술적 도구의 개발을 목적으로 하는 응용 윤리학의 한 분야다. 이러한 도구들은 로봇 공학이 인류에 반하여 잘못 사용되는 것을 예방하는 데 도움을 줄 뿐만 아니라, 인간 사회와 개인들을 위한 로봇 공학을 발전시키는 데 촉매제 역할을 해 큰 기여를 할 것이다.

이 설명에 따르면, 로봇 윤리학은 로봇 공학 또는 로봇과 관련해 두 가지를 문제 삼는다. 하나는 로봇의 개발과 관련된 윤리이고 다른 하나는 로봇의 사용과 관련된 윤리다. 제작 및 사용과 관련된 이러한 윤리는 인간의 윤리다. 아시모프와 마찬가지로 베루지오 역시 로봇 윤리학의 일차적 과제로 로봇 제작 및 사용과 관련된 인간의 윤리를 강조하고 있다. 실제로 여러 기관과 단체에서 AI 로봇의 제작과 사용에 관한 윤리 헌장을 발표했다. 대표적인 헌장은 2019년 국제인공지능윤리협회(IAAE)에서 발표한 '인공지능 윤리 헌장'이다. 이 헌장은 "전 세계와 인류 차원에서 인공지능의 안전을 확보하고 인공지능이 인류의 행복과 편리를 위한 도구로 사용될 수 있도록" 선하고 안전한 인공지능을 목표로 하고 있다. 즉, 윤리적 AI 로봇을 목적으로 개발자와 소비자가 준수해야 할 윤리 원칙을 담고 있다. 과학 기술은 인간을 위해 존재한다는 인간 중심주의 세계관에 비추어 보면 이는 지극히 당연한 주장이다. 인류의 생존과 번영을 위해 기술 또는 기계를 개발해야 한다는 명제는 공학 윤리에서 의심의 여지가 없는 자명한 명제다. 하지만 이 자명한 명제가 환경윤리로 인해 흔들리게 되었다. 환경 철학자 피터 싱어(Peter A. D. Singer)가 쾌고 감수 능력을 지닌 고등 포유동물을 인간의 도구로 생각하는 것은 종 차별주의라고 비난한 이래로 도덕적 고려의 대상이 되는 존재는 인간만이 아니라 고등 포유동물마저 포함하게 되었다.

인간에 대한 로봇의 윤리

이러한 도덕적 고려 대상의 외연 확장은 AI 로봇의 발달로 새로운 국면을 맞이하게 되었다. 윤리의 대상을 인간에게 국한하는 것이 종 차별주의이듯이, 윤리의 주체를 인간에게 국한시키는 것 역시 종 차별주의라는 인식이 점점 설득력을 얻고 있다. 이로 인해 로봇 윤리학은 인간의 윤리 차원에 머물지 않고 로봇 자체를 윤리의 주체로 인정하는 윤리에로 점점 발전하게 된다. 그 근본 이유는 로봇의 진화다. 로봇 윤리학이 처음 소개된 2000년대 초반에는 로봇의 자율성은 아직 미미했다. 즉, 프로그래머가 설계한 알고리즘에 따라 외부 자극에 기계적으로 반응하는 수준에 불과했기 때문에 그 당시에는 AI 로봇 자체를 윤리적 의무의 주체로 생각하는 것은 무리였다. 하지만 로봇 공학이 눈부시게 발달하면서 로봇은 점차 인간 독립적인 자율성을 상당 수준 갖게 되었다. 자율성을 갖는다는 말은 곧 스스로 생각하고, 스스로 판단하고, 스스로 행동할 수 있다는 뜻이다. 그 결과 아시모프가 우려한 일, 즉 로봇이 인간에게 해악을 입힐 수 있다는 우려가 단순히 공상 과학 영화 속의 이야기가 아니라 인간의 실존적 현실로 다가오게 되었다. 이로 인해 로봇 윤리학자들은 로봇 자체의 윤리에로 관심을 돌리면서 도덕적 인간의 꿈을 AI 로봇에게 투영해 '도덕적 기계(moral machine)'의 가능성을 탐구하게 되었다. 도덕적 기계에서 윤리의 주체는 인간이 아니라 로봇이다. 한마디로 로봇, 즉 기계가 윤리의 주체라는 의미를 살려 학자들은 기계 윤리학(machine ethics)이라는 새로운 용어를 개발하게 되었다. 이리하여 로봇 공학의 발달로 인해 제기되는 윤리 물음은 크게 둘로 구분된다. 하나는 인간 및 사회에 미치는 윤리적 해악을 최소화하기 위해 개발자, 제작자, 그리고 사용자가 어떻게 해야 하는가의 물음을 다루는 로봇 윤리학이고, 다른 하나는 로봇 자체가 어떻게 윤리적으로 행동할 수 있도록 할 것인가의 물음을 다루는 기계 윤리학이다. 기계 윤리학은 로봇이 도덕 행위자가 될 수 있는가와 같은 보다 철학적인 물음을 다룬다.

참고문헌

고인석(2011). 아시모프의 로봇 3법칙 다시 보기. ≪철학연구≫, 93, 97-120쪽.

김상득(2020). 기계의 메타 윤리학: AI 로봇의 윤리적 결정을 중심으로. ≪동서철학연구≫, 96, 319-346쪽.

변순용·송선영(2015). 『로봇윤리란 무엇인가?』. 어문학사.

Anderson, S. L.(2011). Machine metaethics. In M. Anderson & S. L. Anderson(Eds.), *Machine ethics*(pp.21-27). New York: Cambridge University Press.

Veruggio, G.(2005). The birth of roboethics. In *Proceedings of the IEEE International Conference on Robotics and Automation*(pp.1–4). Workshop on Robot Ethics, Barcelona, Spain, 18 April 2005.

Wallach, W., & Allen, C.(2009). *Moral machine: Teaching robots right from wrong*, New York: Oxford University Press. 노태복 옮김(2014). 『왜 로봇의 도덕인가』. 메디치.

02

AI 로봇 존재론

윤리적 기계가 가능한가? 이 물음은 AI 로봇이 어떤 본성을 지닌 기계인가에 달려 있다. 이처럼 윤리적 기계의 가능성은 로봇 존재론에 달려 있다. 자율성과 윤리적 민감성을 지니기 때문에 인간은 윤리적 존재가 될 수 있다. 그러면 로봇도 자율성과 윤리적 민감성을 가질 수 있는가? 아직은 아니지만 미래에는 가능하게 될 것이라고 일부 학자들은 주장한다.

AI와 MBTI?

AI 로봇은 우리 인간과 달리 지금도 진화하고 있는 과정적 존재다. 여기서 진화는 이중적 의미를 지닌다. 하나는 인간에 의한 진화이고, 다른 하나는 AI 로봇 자체에 의한 진화다. 전자가 인류의 지식이 발전함에 따라 일어나는 인위적인 진화라면, 후자는 인간이 개발한 AI 로봇 자체의 자율성과 지식이 발전함에 따라 일어나는 '자연적인' 진화다. 미래학자들이 예견하는 AI 로봇에 대한 가장 큰 우려는 AI 로봇이 어떻게, 얼마만큼, 그리고 어떤 방향으로 진화할지 모른다는 점이다. 이러한 우려가 단순한 기우에 머문다면 좋겠지만 현실화될 경우 인류는 예견하지 못한 절체절명의 위기에 빠질 수 있다. 기계 윤리학의 탐구는 이러한 위기를 사전에 예방하는 데 그 목적이 있다고 해도 과언이 아니다.

로봇의 자율성 물음

일반적으로 윤리는 존재론을 전제한다. 인간에게 왜 윤리가 요구되는가? 인간이란 이성을 지닌 자율적 존재이기 때문이다. 이 전제가 성립되지 않으면 인간의 경우에도 윤리는 의미 없게 된다. 같은 논리로 AI 로봇의 윤리는 AI 로봇을 어떤 존재로 규정하느냐에 따라 달라진다. 즉, 로봇 윤리학 또는 기계 윤리학은 로봇 존재론을 전제한다. 그러면 로봇은 어떠한 존재인가? 아직 진화하고 있는 과정적 존재이기 때문에, AI 로봇의 존재론적 특성을 일의적으로 규정하는 일은 불가능에 가깝다. 하지만 우리는 지금 윤리적 물음을 다루기에 윤리와 관련된 요소에 있어서 AI 로봇의 존재론적 특성을 예견하는 일은 그렇게 어려운 작업이 아니다. 그러면 윤리와 관련된 본질적인 특성은 무엇인가? 웬델 월러치(Wendell Wallach)와 콜린 알렌(Colin Allen)은 자율성과 윤리적 민감성을 도덕의 본질적 요소로 보고 이 두 개념에 따라 기계의 도덕성을 구분한다. 누군가가 더 자율적이 된다고 해서 윤리적 감수성이 더 풍부해지는 것이 아닐 뿐만 아니라, 윤리적 감수성이 높다고 해서 언제나 자율성이 높은 것도 아니다. 하지만 자율적이지 않다면 그 어떤 행위도 윤리적일 수 없다는 의미에서 자율성은 윤리의 존재론적 필요조건이라고 말할 수 있다.

그러면 AI 로봇은 자율적인가? 물론 현재의 AI 로봇은 자율적이지 않다. 따라서 정확한 물음은 "AI 로봇은 자율적일 수 있는가?"이다. 예를 들어, 로봇 3원칙의 제안자 아시모프의 SF 단편 소설 모음집 『나는 로봇』을 원작으로 2004년에 개봉한 영화 〈I, Robot〉에서 델 스푸너(Del Spooner)는 자신이 아니라 소녀 사라(Sarah)를 구하라고 외치지만, 로봇은 소녀의 생존 확률은 11%이지만 스푸너는 45%라고 계산한 다음 사라가 아니라 스푸너를 구한다. 이 경우 로봇은 자율적인 존재인가? '자율성'을 어떻게 규정하느냐에 따라 이 물음에 대한 답이 달라질 수 있다. 크게 세 가지 대답이 가능하다. 첫째는 주인공 로봇은 전혀 자율적이지 않다는 입장이다. 그 이유는 자동화와 자율성의 구분이다. 즉, 주인공 로봇이 스푸너 형상의 말에 그대로 순종하지 않았다는 면에서는 외적 통제로부터 벗어나 자율성을 확보했다고 말할 수 있지만, 로봇은 어디까지나 이미 입력된 알고리즘에 따라 자동적으로 확률을 계산해 결정했기 때문에 자율적이라고 말할 수 없다는 것이다. 자율성의 핵심은 단순한 '외적 강제가 없음'이 아니라, '내적 강제가 없음'까지 포함한다는 것이다. 이러한 주장의 배후에는 또 다른 전제가 숨어 있다. 그것은 바로 존재론적 의존이다. 즉, 로봇은 인간에 의해 만들어진, 그래서 인간 의존적이기 때문에 결코 자율적일 수 없다고 이러한 입장 옹호자들은 주장한다.

윤리적 기계의 가능성

둘째는 주인공 로봇의 자율성을 인정하는 입장이다. 일

단 외적 강요가 없었다. 그러면 내적 강요는 어떠한가? 물론 로봇은 알고리즘에 따라 움직이고, 그 알고리즘은 인간이 만들었다. 이런 점에 있어서 로봇은 스스로 존재하지 않았다는 점에 있어서 인간 의존적인 존재임에 분명하다. 이렇게 자율성을 엄격하게 해석하면 인간도 자율적이지 않다. 왜냐하면 스스로 이 세상에 존재하게 된 인간은 없기 때문이다. 모든 인간은 자신의 의지나 노력과 상관없이 이 땅에 태어나지 않았는가? 실제로 철학자들은 스스로 존재하는 것은 신밖에 없다고 주장하지 않는가? 그렇기 때문에 존재론적 의존성을 이유로 자율성의 유무를 판단해서는 안 된다. 문제는 누구 혹은 무엇을 선택하라고 알고리즘이 미리 결정해 두었는가의 물음이다. 인공지능 바둑 '알파고'를 생각해 보자. 알파고가 바둑판의 어디에 돌을 둘 것인가를 알고리즘이 결정해 두었는가? '예'라고 답하지 않는다. 그 이유는 간단한다. 알파고는 제작자가 만들어 놓은 알고리즘에 따라 판단하고 행동하는 것은 맞지만, 기계 학습을 통해 제작자와 독립적으로 판단하고 어느 지점에 돌을 둘 것인지를 스스로 결정하기 때문이다. 물론 이에 대해 그래도 알파고는 알고리즘 의존적이지 않느냐고 반문할 수 있다. 사실 인간도 이와 유사한 의사 결정 과정을 거친다. 즉, 우리 인간도 부모로부터 물려받은 유전자와 사회적 학습 과정을 통해 얻어진 지식에 따라 판단한다. 이러한 인간의 판단이나 행위를 자율적이라고 인정한다면, 알고리즘에 따른다고 해도 AI 로봇이 기계 학습을 통해 제작자가 전혀 예견하지 못하는 방식으로 판단하고 행동한다면 그 자율성을 인정해야 한다는 것이다.

셋째는 AI 로봇은 단지 현상적 자율성만을 지닌다는 입장이다. AI 로봇은 외적 강요가 없을 뿐만 아니라 내적으로도 강제되지 않았기에 자율적이라는 점을 받아들인다. 하지만 기계와 인간 사이에는 넘을 수 없는 중대한 존재론적 차이가 존재한다고 비판한다. 즉, 인간의 자율성은 마음 또는 자유 의지에 그 토대를 두는데, 로봇에게는 마음이나 자유 의지가 아예 없기에 그 자율성은 진짜가 아니라는 것이다. 이러한 주장의 배후에는 마음이나 자유 의지와 같은 형이상학적 실체가 없다면 그 어떤 존재도 자율적일 수 없다는 전제가 깔려 있다. 왜냐하면 자율성은 의도성을 본질로 하는데 마음 또는 자유 의지가 없다면 의도적인 행위 자체가 불가능하기 때문이다. 이 입장 옹호자는 로봇의 자율성은 단지 현상적 자율성 또는 준자율성에 지나지 않고 오직 인간만이 온전한 자율성을 지닌다고 주장한다. 물론 로봇의 마음 또는 자유 의지에 대해서는 아직까지 상당히 부정적이다. 하지만 이런 주장에 대해 우리는 두 가지 반론을 던질 수 있다. 하나는 인간의 자율성에 대해 의문을 던지는 일이다. 정말로 인간의 자율성은 마음 또는 자유 의지에 기반하는가? 일부 학자들은 인간의 마음 또는 자유 의지도 허구에 지나지 않는다고 주장한다. 이렇게 되면 인간과 로봇의 존재론적 차이가 사라지게 된다. 다른 하나는 마음이나 자유 의지의 윤리학적 중요성에 의문을 던지는 일이다. 경험적으로 입증되지 않는 마음이나 형이상학적 실체가 중요한 것이 아니라 현상적 기능이 자율적이면 그것으로 충분하지 않는가? 윤리와 관련해 본질적으로 중요한 것은 형이상학적 실체가 아니라 자율적으로 판단하고 자율적으로 행동하는 현상 또는 기능이다. 이를 현상적 자율성이라 하는데, 오늘날 기계 윤리학 옹호자들은 탈형이상학의 입장에서 현상적 자율성에 기반해 로봇이 윤리적으로 판단하고 또 윤리적으로 행동한다면 그것으로 충분하다고 주장한다.

참고문헌

고인석(2012). 체계적인 로봇윤리의 정립을 위한 로봇 존재론, 특히 로봇의 분류에 관하여. ≪철학논총≫, 70, 171-195쪽.

김상득(2021). AI 로봇의 도덕적 지위에 관한 예비적 고찰. ≪철학·사상·문화≫, 37, 1-29쪽.
김상득(2022). AI 로봇의 도덕 행위자 가능성에 관한 윤리학적 연구. ≪동서철학연구≫, 105, 627-652쪽.
신상규(2017). 인공지능은 자율적 도덕 행위자일 수 있는가?. ≪철학≫, 132, 265-292쪽.
이영의(2018). 의식적 인공지능. 이중원 엮음, 『인공지능의 존재론』(41-80쪽). 한울아카데미.
Sullins, J. P.(2006). When is a robot a moral agent. *International review of information ethics,* 6(12), pp.23-30.
Wallach, W., & Allen, C.(2009). *Moral machine: Teaching robots right from wrong.* New York: Oxford University Press. 노태복 옮김(2014). 『왜 로봇의 도덕인가』. 메디치.

03
AI 로봇의 윤리 판단

AI 로봇은 윤리적 민감성을 지닐 수 있는가? 윤리적 민감성은 윤리 행위자가 아니라 윤리 판단에 달려 있다. 로봇이 마음이나 의도 등의 형이상학적 실체를 지니지 않아 윤리 행위자가 아니라 할지라도, 윤리적 개념이나 윤리 원칙에 근거해 윤리적 추론 과정을 거쳐 윤리 판단을 내릴 수 있는 도덕적 능력을 갖는다면 윤리적 민감성을 지녔다고 말할 수 있다.

AI와 난임 극복?

AI 로봇은 그 형이상학적 실체에 있어서는 마음이나 자유 의지를 지니는지가 의심스럽지만 적어도 현상적인 자율성은 지닐 수 있다는 데에는 대부분의 로봇 윤리학자들이 동의한다. 도덕적 기계가 되자면 자율성만으로는 충분하지 않다. 윤리적 민감성마저 지녀야 한다. 이 물음에 답하자면 윤리적으로 민감하다는 것이 무엇을 의미하는지가 명확해져야 한다. 윤리적 민감성을 지닌 표준적인 존재는 인간이다. 그러면 인간은 어떤 면에 있어서 윤리적으로 민감한가? 정부의 존재를 아예 부정하는 무정부주의가가 있듯이, 윤리나 도덕을 아예 부정하는 무도덕주의자도 있다. 어떤 판단을 내리거나 무엇을 행하고자 할 때 윤리적 옳고 그름 또는 도덕적 선을 고려할 때 비로소 인간은 윤리적으로 민감하다고 말할 수 있다. 따라서 윤리적 민감성의 근본 요소는 윤리적으로 판단할 수 있는가 여부이다. 하지만 AI 로봇이 윤리적 민감성을 지니느냐의 물음을 논의하는 데에서 우리는 서로 다른 세 물음을 구분해야 한다.

① AI 로봇은 마음, 의식, 의도, 자유 의지 등을 지니는가?
② AI 로봇은 도덕적 권리, 도덕적 의무, 도덕적 책임 등

의 주체가 될 수 있는가?

③ AI 로봇은 윤리적 용어, 윤리적 추론, 윤리 판단, 윤리적 행위 등을 할 수 있는가?

도덕 행위자와 도덕 판단의 구분

물론 인간의 경우 이 세 물음에 대해 모두 긍정적인 대답이 가능하다. 하지만 로봇에 대해 많은 사람들이 ③의 물음에 부정적인 견해를 피력하면서 그 이유를 ① 또는 ②의 물음에서 찾는다. 하지만 이 세 물음은 구분되어야 한다. ①은 형이상학적 물음이고, ②는 도덕 행위자에 관한 물음, 마지막 ③은 도덕 판단 또는 도덕적 행위와 관련된 물음이다. 일단 ①의 형이상학적 실체의 물음은 배제되어야 한다. 왜냐하면 일상인들의 생각과 달리 오늘날 심리 철학이나 신경 과학에서는 이러한 형이상학적 실체가 도전받고 있기 때문이다. '형이상학적'이라는 말에서 알 수 있듯이, 이러한 실체는 경험적으로나 논리적으로 입증될 수 없기 때문이다. 인간의 경우에도 그 존재가 의심스러운 형이상학적 실체를 AI 로봇에게 적용하는 일은 앞뒤가 맞지 않는다. 인간의 경우 ②와 ③은 하나로 묶여 있다. 즉, 인간은 도덕 행위자이기 때문에 도덕 판단이나 도덕적 행위가 가능하고, 또 역으로 도덕적으로 판단하고 도덕적으로 행위하기 때문에 인간은 도덕 행위자의 자격을 지닌다.

하지만 이 둘을 하나로 묶어 사유할 필요가 없을 뿐만 아니라 그렇게 사유해서는 안 된다. 예를 들어, "알파고는 프로 바둑 기사인가?"의 물음과 "알파고는 바둑판에서 돌을 어디에 둘지 결정할 수 있는가?"의 물음은 구분되어야 한다. '알파고'가 한국기원으로부터 '명예 프로 9단' 인증을 받은 사실과 상관없이, 전자의 물음에 대해 우리는 고개를 갸우뚱할 수 있다. 그렇다고 후자의 물음에 대해서까지 의문을 제기하는 사람은 없다. 이러한 비유는 로봇 의사 '왓슨(Watson)'과 로봇 변호사 '로스(Ross)'에게도 그대로 적용된다. '왓슨'이나 '로스'가 의사 자격 또는 변호사 자격이 있는지에 대해서는 의문을 가져도, 그들이 의학적 판단 또는 법률적 판단을 내릴 수 있음을 부인하는 사람은 없을 것이다. 그러면 왜 우리는 '왓슨'의 의학적 진단을 존중하는가? 그 이유는 간단하다. 환자를 정확하게 진찰한 다음, 관련된 의학적 전문 지식을 올바르게 적용해 의학적 결론에 이를 수 있는 능력을 '왓슨'이 지니고 있기 때문이다. 즉, 의학적 진료에서 중요한 것은 의사냐 아니냐가 아니라 의학적 능력이다. 도덕 판단도 예외가 아니다. 즉, 윤리적 기계에서 중요한 것은 기계가 윤리적으로 행동할 수 있는가라는 물음이지, 기계가 도덕 행위자인가라는 물음은 부차적이다. 이러한 논리에 따라 버트람 말레(Bertram F. Malle)는 "로봇은 도덕 행위자인가?"라는 물음에서 기계 윤리학을 논하는 것은 그 출발점이 잘못되었다고 비판한다. 윤리적 기계의 본질은 AI 로봇이 도덕적 능력(moral competence)을 갖출 수 있느냐의 물음이다. 도덕적 능력을 지닌다면 그 로봇은 윤리적 민감성을 갖고 있다고 하겠다.

도덕적 능력의 물음

그러면 AI 로봇에게 요구되는 도덕적 능력이란 무엇인가? 말레는 인간을 표준적인 모형으로 삼아 도덕적 능력이 무엇인지를 찾아낸다. 일반적으로 능력이란 어떤 일을 정확하게 잘 수행할 수 있는 태도나 자질 또는 경향적 역량을 말하는데, 도덕의 핵심은 도덕 판단과 도덕적 행동이다. 따라서 도덕적 능력이란 도덕적 의사 결정과 도덕적 행동을 잘 수행하는 능력임에 분명하다. 이러한 능력으로 말레는 다음의 다섯 가지를 주장한다. 1) 도덕적 개념, 2) 도덕규범 체계, 3) 도덕적 인식과 도덕적 영향, 4) 도덕적 의사 결정과 행동, 그리고 5) 도덕적 의사소

통. 물론 우리는 이와 의견을 달리할 수 있고 또 다른 능력을 추가할 수 있다. 예를 들어, 필자라면 여기에 '도덕적 추론(moral reasoning)' 능력을 추가할 것이다. 이러한 다섯 가지 능력을 갖는다면 AI 로봇은 적어도 우리 인간의 도덕적 수준에 버금가는 도덕적 추론을 통해 도덕 판단을 내리고, 또 도덕적 행위를 할 수 있을 것이다. 즉, 도덕적 문제 상황에 직면했을 때 도덕적 개념을 사용하고 도덕 규칙이나 윤리 원칙에 근거해 추론한 다음 도덕적 결정을 내릴 수 있는 능력을 갖는다면, 로봇은 도덕 판단의 주체로 인정하지 않을 수 없다. AI 로봇으로 하여금 이러한 도덕적 능력을 갖도록 알고리즘을 프로그램화하는 일은 현재의 로봇 공학 수준에서는 어려울지 모르나 미래에는 충분히 가능하리라 예견할 수 있다.

칸트적인 의무론자들은 이러한 주장에 반대할지 모른다. 행위는 동기, 행위 자체, 그리고 결과라는 세 차원을 지니는데, AI 로봇의 판단은 동기의 측면에서 중요한 결함을 지닌다는 것이다. 왜냐하면 AI 로봇의 행위가 자율적인 도덕 판단에 근거한다 해도 그 동기가 의심스럽기 때문이다. 도덕 판단이 되고자 하면 단순히 도덕적 범주를 사용해 도덕적 추론을 하는 것만으로는 안 되고 선의지와 같은 도덕적 동기가 필수적인데 로봇에게 선의지와 같은 '도덕적 동기'를 묻기 어렵지 않은가? 마음이나 의도 등이 의심스럽기 때문에 로봇에게 선의지와 같은 도덕적 동기를 우리는 물을 수 없기에 이러한 비판은 적절하다. 하지만 이 반론은 선결 문제 요구의 오류를 범하고 있다. 즉, 이 반론이 가능하자면 도덕에 대한 칸트적 정의를 받아들여야 한다. 동기의 윤리학 또는 덕의 윤리학 관점에서 로봇이 과연 도덕 판단을 내릴 수 있는가의 물음은 AI 로봇에게 어려운 숙제임에 분명하다. 그러나 칸트의 의무론은 여러 윤리 이론 가운데 하나에 불과하다. 우리는 얼마든지 다른 윤리 이론을 수용할 수 있다. 윤리학의 역사가 이를 말할 뿐만 아니라 실제로 우리들은 대개 공리주의 윤리를 따른다. 공리주의는 의무론과 반대로 동기가 아니라 결과를 중요시하는 결과주의 윤리설이다. 한 걸음 더 나아가 의무론도 다양하다. 윌리엄 로스(William D. Ross) 같은 의무론자는 칸트와 달리 도덕적 동기를 강조하지 않고 도덕 규칙의 준수를 강조하는 조건부적 의무론을 주장한다. AI 로봇은 도덕 규칙에 따라 얼마든지 자율적으로 판단하고 행위할 수 있다.

참고문헌

김상득(2020). 기계의 메타 윤리학: AI 로봇의 윤리적 설정을 중심으로. ≪동서철학연구≫, 96, 319-346쪽.

변순용 편(2019). 『윤리적 AI로봇 프로젝트』. 어문학사.

Malle, B. F.(2016). Integrating robot ethics and machine morality: The study and design of moral competence in robots. *Ethics and information technology,* 8(4), pp.243-256.

Moor, J.H.(1979). Are there decisions computers should never make?. *Nature and System, 1*(4), 217-.229.

Wallach, W., & Allen, C.(2009). *Moral machine: Teaching robots right from wrong,* New York: Oxford University Press, 노태복 옮김(2014). 『왜 로봇의 도덕인가』. 메디치.

04
AI 로봇과 도덕 행위자

많은 학자들이 표준적인 도덕 행위자인 성인에게서 도덕 행위자의 기준을 찾은 다음, AI 로봇은 그러한 기준을 충족시킬 수 없기 때문에 도덕 행위자가 될 수 없다고 주장한다. 하지만 플로리디와 샌더스는 도덕 행위자의 기준을 새롭게 해석해 '마음 없는 도덕'에 기반하면 로봇도 도덕 행위자가 될 수 있다고 주장한다.

AI와 사주?

AI 로봇이 자율성과 윤리적 민감성을 지녀 도덕적 문제 상황에서 스스로 윤리 판단을 내리고 자율적으로 행동할 수 있다면 도덕 행위자가 될 수 있는가? 이러한 행위자를 '인공적인 도덕 행위자'라 부르는데, 인간 행위자와 비교해 여기서는 간단하게 인공 행위자로 부르자. 인공 행위자로 로봇은 도덕 행위자가 될 수 있는가? 이 물음을 데이비드 건켈(David J. Gunkel)은 '동물 물음(animal question)'에 비유해 '기계 물음(machine question)'이라 부른다. 환경 철학에서 동물 물음이란 동물도 도덕적 권리의 주체로서 우리 인간으로부터 도덕적 존중을 받을 대상인가를 묻는다. 이 물음에 대해 오늘날 대부분의 환경 철학자들은 적어도 쾌고 감수 능력을 지닌 고등동물은 인간에 버금가는 도덕적 권리를 지닌다고 주장한다. 동물 물음과 달리 기계 물음은 다른 양상을 띠고 있다. 기계 물음은 기계가 도덕적 권리를 지니는가를 묻지 않고 반대로 기계는 도덕적 의무의 주체가 되는가를 묻는다. 이를 인공 행위자의 도덕 행위자 가능성 물음이라고 우리는 간단하게 정식화할 수 있다.

마음 없는 도덕

동물 문제에 관한 환경 철학의 논의에서 알 수 있듯이,

도덕적 권리의 주체를 확장하는 데 사용된 논리는 '도덕적 일관성의 논리'다. 즉, 도덕적 권리의 기준을 찾은 다음 그 기준을 동물도 지닌다는 것을 입증한다면, 일관성의 논리에 따라 우리는 동물도 도덕적 권리의 주체로 인정하지 않을 수 없다는 것이다. 쾌고 감수 능력을 기준으로 한 피터 싱어의 동물권 옹호는 바로 이러한 일관성 논리에 토대를 두고 있다. 많은 학자들은 이러한 일관성의 논리를 기계 물음에도 적용시킨다. 즉, 도덕 행위자의 기준을 표준적인 인간에서 찾은 다음 그 기준을 기계가 충족시키고 있는지를 묻는다. 그러면 도덕 행위자의 기준은 무엇인가? 일반적으로 도덕 행위자를 학자들은 다음과 같이 정의한다. "어떤 행위자 X에 대해, X가 자유로운 선택 능력, 마땅히 해야만 하는 것이 무엇인지에 대해 심사숙고하는 능력, 그리고 도덕 규칙을 이해하고 패러다임 사례에 올바르게 적용할 수 있는 능력을 지닌 행위자인 경우, 오직 그 경우에만 도덕 행위자다." 그런데 대부분의 로봇 윤리학자들은 의도적인 마음을 지닌 존재만이 이러한 기준을 충족시킬 수 있다고 주장한다. 이렇게 되면 AI 로봇은 도덕 행위자의 기준을 충족시킨다 해도 의도적인 마음을 지니고 있지 않기 때문에 도덕 행위자가 될 수 없다. 물론 도덕 행위자의 기준은 학자들에 따라 다르지만 대부분의 학자들은 이러한 논리에 따라 로봇은 도덕 행위자의 기준을 충족시킬 수 없기 때문에 도덕 행위자가 될 수 없다고 주장한다.

그러면 로봇은 도덕 행위자가 될 수 없는가? 일관성의 논리에 따르면 로봇이 도덕 행위자가 될 수 있는 길은 두 가지다. 하나는 도덕 행위자의 기준을 로봇도 충족시킨다는 것을 보여 주는 방안이고, 다른 하나는 도덕 행위자의 기준 자체를 수정하는 방안이다. 전자의 방안은 쉬운 일이 아니다. '의도적인 마음'이라는 개념에서 알 수 있듯이, 기계가 마음을 지닐 수 있다는 데에는 우리 모두가 의아하게 생각하기 때문이다. 기계가 마음마저도 지닌다면 만물의 영장으로서 인간의 지위는 더는 유지되기 어렵지 않은가? 그래서 로봇의 도덕 행위자 가능성을 옹호하는 철학자들은 후자의 전략을 선택한다. 이러한 전략을 따르는 근본적인 이유는 일관성의 논리가 다분히 인간 중심주의로, 종 차별주의라는 비판으로부터 자유롭지 못하기 때문이다. 즉, 오직 인간만이 지닌다고 여겨져 온 마음을 기준으로 한다면 인간이 아닌 그 어떤 존재도 처음부터 도덕 행위자가 될 수 없게 된다. 인간 중심주의에서 벗어나 로봇의 도덕 행위자 가능성을 적극 옹호한 대표적인 철학자는 루치아노 플로리디(Luciano

Floridi)와 제프 샌더스(Jeff W. Sanders)다. 이들은 2004년에 발표한 "인공 행위자의 도덕에 관하여"라는 논문에서 상호 작용, 자율성, 적응성 등을 도덕 행위자의 기준으로 제시하면서 AI 로봇 역시 이러한 기준을 충족시킬 수 있기 때문에 도덕 행위자가 될 수 있다고 주장한다. AI 로봇이 이 세 기준을 실제로 충족시키는지에 대해 의문을 던질 수 있고, 또 도덕 행위자의 기준이 이 셋만으로 충분한지에 대해 비판할 수 있다. 하지만 한 가지 분명한 점은 도덕에서 본질적으로 중요한 사항은 마음과 같은 형이상학적 실체가 아니라 도덕 판단을 내리고 도덕적 행위를 할 수 있는 능력 또는 기능이라는 사실이다. 이처럼 마음과 같은 형이상학적 실체를 전제하지 않는다는 점에서 이들의 도덕은 '마음 없는 도덕'(mind-less morality)으로 불린다.

도덕 행위자에 대한 세 접근법

일부에서는 전혀 다른 방식으로 AI 로봇의 도덕 행위자 가능성 물음을 논의해야 한다고 주장한다. 이제까지의 논의는 일종의 존재론적 접근법이다. 즉, 도덕 행위자가 될 수 있는 실재의 존재론적 특성에 근거해 그 실재가 도덕 행위자가 될 수 있는지를 묻는다. 플로리디와 샌너스 역시 이러한 접근법을 따르고 있다. 비록 그들은 도덕 행위자의 기준을 다르게 제안하고 있지만 그들 역시 로봇이 지닌 존재론적 특성에 근거하고 있기 때문이다. 새로운 접근법은 두 가지다. 하나는 '해석학적 접근법'이고 다른 하나는 '관계론적 접근법'이다. 해석학적 접근법은 AI 로봇이 어떤 특성을 지니느냐의 물음보다, AI 로봇이 인간에게 갖는 의미나 의의가 무엇인지를 묻는다. 이 물음에 대해 해석학적 접근법 옹호자들은 인공 행위자는 인간 발명의 산물이며, 인간의 목적을 위해 인간이 사용하며, 인간에 의해 유지되는 맥락에서 작동하며, 그리고 인간의 통제 없이는 기능할 수 없다는 의미에서 항상 인간에게 묶여 있는(tethered) 존재이기 때문에 도덕 행위자가 될 수 없다고 주장한다. 후자의 접근법은 AI 로봇 자체가 지닌 존재론적 특성이 아니라 인간과의 상호 작용과 사회적 관계에 초점을 맞추고 있다. 아직 AI 로봇의 자율성이 입증되지 않아 관계론적 접근법을 옹호하는 대부분의 로봇 윤리학자들은 로봇의 도덕 행위자 가능성에 대해 부정적인 입장을 취한다. 이러한 두 접근법이 AI 로봇에 대해 어떤 입장을 취하고 있느냐의 물음보다 더 근본적인 문제점은 이들 역시 앞서의 존재론적 접근법과 마찬가지로 인간 중심주의에서 벗어나지 못하고 있다는 사실이다. 어떻게 보면 이 두 접근법은 존재론적 접근법보다 더 인간 중심적이다. 왜냐하면 해석학적 접근법은 인간이 로봇을 어떻게 해석하느냐에, 그리고 관계론적 접근법은 인간이 로봇과 어떤 관계를 맺고 있느냐에 초점을 맞추고 있기 때문이다.

피터 싱어는 『동물 해방』의 결론 부분에서 "시대의 기본 가정들에 의문을 품고, 우리 대부분이 당연한 것으로 여기는 것을 비판적으로 주의 깊게 사고하는 것이 철학의 과제이고, 철학을 의미 있게 하는 것"이라고 주장한다. 따라서 도덕은 인간의 전유물이고 오직 인간만이 도덕 행위자가 될 수 있다는 기본 가정에 대해 우리는 의문을 던져야 한다. 다시 말해, 우리는 AI 로봇이 도덕 행위자가 될 수 있다는 열린 마음을 가져야 한다. 마음 없는 도덕은 바로 이러한 열린 마음의 결과다. 판단이나 행위에 있어서 인간과 동등함에도 불구하고 단지 인간이 아니라는 이유로 AI 로봇의 도덕 행위자 가능성을 부인하는 것은 비록 상식인의 사유에는 적합할지 모르지만 철학적인 비판적 사유라고 보기는 어렵다.

참고문헌

고인석(2022). 『인공지능과 로봇의 윤리』. 세창출판사.

김상득(2021). AI 로봇의 도덕적 지위에 관한 예비적 고찰. ≪철학·사상·문화≫, 37, 1-29쪽.

김상득(2022). AI 로봇의 도덕 행위자 가능성에 관한 윤리학적 연구. ≪동서철학연구≫, 105, 627-652쪽.

신상규(2017). 인공지능은 자율적 도덕 행위자일 수 있는가?. ≪철학≫, 132, 265-292쪽.

Coeckelbergh, M.(2014). The moral standing of machines: Towards a relational and non-cartesian moral hermeneutics. *Philosophy and technology,* 27, pp.61-77.

Floridi, L., & Sanders, J. W.(2004). On the morality of artificial agents. *Minds and machines,* 14(3), pp.349-379.

Gunkel, D.(2012), The machine question: Critical perspectives on AI, robots, and ethics. Cambridge: MIT Press.

Singer, P.(1975), Animal liberation. New York: Avon Books. 김성환 옮김(2016). 『동물 해방』. 서울: 연암서가.

Sullins, J. P.(2006). When is a robot a moral agent. *International review of information ethics,* 6(12), pp.23-30.

05

윤리적 AI 로봇

로봇은 자율성에 따라 AI 로봇과 주인 로봇으로 구분된다. 주인 로봇이 인간을 닮았기에 로봇의 원래 목적에 더 충실할 수 있다. 하지만 자율성을 지닌 로봇이 인간에게 선이 아니라 악을 끼칠 수 있는 위험을 우리는 무시할 수 없다. 이를 노예 역설이라 한다. 이로 인해 학계에서는 이러한 로봇을 개발해서는 안 된다는 목소리가 높아지고 있다.

AI와 아이돌?

인공 행위자가 도덕 행위자가 될 수 있는가의 물음은 '도덕 행위자'의 기준을 무엇으로 규정하는가에 달려 있다고 해도 과언이 아니다. 이에 관한 윤리학적 찬반 논의는 여전히 계속되고 있지만 한 가지 분명한 점은 AI 로봇은 단순한 기계에서 자율성과 윤리적 민감성을 지닌 실재로 점점 진화하고 있다는 사실이다. 도덕적 자율성의 관점에서 AI 로봇의 진화 단계를 제임스 무어(James H. Moor)는 다음과 같이 네 범주로 설명한다. 첫째는 윤리적 영향 행위자로, 행위 자체는 윤리적이라고 말할 수 없지만 윤리적 영향을 낳는 데 원인 제공자 역할을 하는 행위자를 말한다. 둘째는 암묵적인 윤리 행위자로, 설계자의 프로그램에 따라 윤리적으로 행동하도록 자동화된 행위자를 뜻한다. 셋째는 명시적인 윤리 행위자로, 윤리적 범주를 사용해 주어진 상황에서 무엇이 도덕적인지를 스스로 판단한 뒤 움직이는 행위자를 지칭한다. 마지막은 온전한 윤리 행위자로, 의식 · 의도 · 자유 의지 등을 지니고 도덕적 범주를 사용해 도덕 판단을 내린 다음 행위하는 행위자다.

로봇의 진화와 도덕 행위자

둘째 단계와 셋째 단계의 근본적인 차이는 자율성에 있

다. 암묵적 윤리 행위자는 프로그램화된 알고리즘에 따라 '자동적으로' 윤리적 판단을 내린 다음 행동하는 반면, 명시적인 윤리 행위자는 기계 학습을 통해 '자율적으로' 윤리적 판단을 내린 다음 행동한다. 그리고 셋째 단계와 마지막 단계의 차이는 형이상학적 실체에 있다. 온전한 윤리 행위자는 마음이나 의도와 같은 형이상학적 실체에 기반해 도덕 판단을 내리는 반면에 명시적인 윤리 행위자는 이러한 형이상학적 실체 없이 기능적 또는 현상적으로 윤리 판단을 내린다. 이 장에서 필자는 어느 단계까지 진화해야 도덕 행위자가 될 수 있는지의 물음이 아니라 이러한 도덕적 자율성의 진화에 담긴 또 다른 윤리적 물음을 다루고자 한다. 그것은 바로 "도덕적 기계의 개발이 윤리적으로 바람직한가?"라는 도덕적 기계 자체에 대한 물음이다. 여기서 말하는 도덕적 기계는 명시적 윤리 행위자를 지칭한다. 물론 생태계에서 돌연변이가 일어나듯이 AI 로봇도 돌연변이 과정을 거쳐 스스로 '도덕적 기계'라는 새로운 종으로 진화할 수 있다. 하지만 이러한 개연성은 거의 제로에 가깝다. 그 이유는 AI 로봇은 생명체가 아니라 기계이고 그 알고리즘은 인간의 손에 의해 만들어지기 때문이다. 비록 AI 로봇의 판단과 행위가 자율적이라 할지라도 그 존재 또는 생성은 인간의 손에 달려 있다. 따라서 우리는 묻게 된다. 이러한 도덕적 기계를 만들어도 좋은가? 과학의 논리와 윤리의 논리는 다르다. 과학은 할 수 있으면 해도 좋다는 논리에 따라 할 수 있는 영역을 확장시켜 왔다. 하지만 윤리는 할 수 있는 것에 대해 "해도 좋은가?"를 묻는다. 이러한 윤리의 논리에 따르면 도덕적 기계에 대해서도 우리는 당연히 "만들어도 좋은가?"를 묻게 된다.

이러한 물음을 던지는 근본적인 이유는 AI 로봇에 내재한 잠재적 위험성 때문이다. "인간은 윤리적 존재이다." 이는 인간이 실제로 윤리적으로 살아간다는 '사실 주장'이 아니라 그렇게 되어야 한다는 '당위 주장'이다. 실제로 우리가 알고 있는 많은 주장들이 이러한다. "인간은 이성적 동물이다"라는 말은 물론이고 "남녀는 평등하다"는 말 역시 당위 주장이다. 이성적이지 않은 인간이 너무나 많을 뿐만 아니라 남자와 여자는 분명 다르다. 그럼에도 인간은 이성적 동물이 되어야 하고 또 남녀는 평등하게 대우해야 한다는 우리들의 염원이 이러한 주장에 담겨 있다. "인간은 윤리적 존재다"라는 주장에도 윤리적 존재이기를 바라는 인간의 간절한 소망이 담겨 있다. 당위 주장이라는 말은 그렇지 않을 수 있다는 뜻이기도 한다. 다시 말해, "인간은 윤리적 존재다"라는 말은 현실적 인간의 실존적 모습이 아니라 하나의 가능태일 따름이다. 이러한 의미를 AI 로봇에게 적용시키면, 비록 도덕적 기계라 할지라도 AI 로봇 역시 비윤리적으로 행할 수 있다는 뜻이다. 여기에 바로 위험이 도사리고 있다. 인간이 비윤리적인 경우 그래도 법이나 공동체의 힘으로 제어할 수 있지만 인간보다 지능이나 힘이 뛰어난, 소위 특이점을 넘어선 AI 로봇이 비윤리적으로 행위할 경우 어떻게 제어할 것인가? 물론 이에 대해 인간의 자율성과 로봇의 자율성은 근본적으로 다르기에 언제나 통제 가능하다고 주장할 수 있다. 인간의 자율성은 제3자의 통제가 거의 불가능하지만, 로봇은 전기로 작동하기 때문에 그 생성은 물론이거니와 자율성마저도 '온/오프'(on/off)를 통해 통제 가능할 수 있기 때문이다. 물론 이론적으로는 이러한 통제가 가능하지만 일단 온 상태로 작동을 시작하게 되면 AI 로봇 역시 제3자인 인간의 통제로부터 얼마든지 자유로울 수 있기 때문에 제어가 불가능하다는 점을 우리는 인정할 수밖에 없다.

노예 역설

이러한 위험을 노버트 위너(Norbert Wiener)는 '노예 역설(slave paradox)'로 재미있게 표현한다. 자율성을 기준으로 보면 로봇은 크게 알고리즘에 의해 자동적으로 행동하는 '노예 로봇(slave-robot)'과 자율성을 갖고 주체적으로 판단하고 행동하는 '주인 로봇(master-robot)'으로 구분된다. 노예 로봇은 특별한 도덕 문제를 야기하지 않는 장점을 지니지만, 그 유용성에 한계가 있을 수밖에 없어 우리는 정교한 '주인 로봇'을 필요로 한다. 이런 취지에서 일부 학자들은 도덕적 차원과 지적인 차원 모두 인간을 능가하는 기계를 만들어 낼 수 있다면, 우리는 그렇게 해야 할 윤리적 의무를 지닌다고까지 주장한다. 하지만 주인 로봇에는 독립성과 예속성이라는 인간의 두 가지 소망이 공존하는데, 이 두 속성은 상호 모순적이다. 다시 말해, 우리 인간은 원하는 바를 AI 로봇이 성공적으로 수행해 주기를 바라는데 그러자면 로봇이 자율성을 지녀야 하고, 로봇이 자율성을 지니게 되면 인간의 통제로부터 벗어나 주인 행세를 하게 된다.

'주인 로봇'이 자율적으로 인간에게 선만을 증진시켜 주리라 기대하지만, 실제로는 그 반대로 인간에게 해악을 가져올 수 있음을 우리는 겸허하게 인정해야 한다. 왜냐하면 인간에게 유용한 것을 행할 수 있는 자율적인 능력을 지닌 로봇은 또한 인간에게 해악이 되는 것을 행할 수 있는 능력도 동시에 지닐 것이기 때문이다. 마치 기독

교 신학에서 하나님이 자신의 형상을 본떠 자유 의지를 지닌 인간을 창조했지만 그 인간이 하나님께 선만을 행하지 않고 불순종하는 악을 행하듯이, 주인 로봇도 얼마든지 그 '창조자'인 인간에게 악을 행할 수 있다. 로봇이 인간에게 가할 수 있는 이러한 해악을 예방할 수 있는가? 법으로 규제하는 데는 한계가 있다. 왜냐하면 법은 사건이 발생한 다음 그에 대해 처벌하는 방식을 취하기 때문이다. 기술적 방법에도 한계가 있다. 무어가 말한 암묵적인 윤리 행위자에게는 이러한 통제가 가능하지만 명시적인 윤리 행위자, 즉 주인 로봇에게는 불가능하기 때문이다. 남은 대안은 하나밖에 없다. 인간에게 해악을 가해서는 안 된다는 윤리 원칙을 100% 준수하는 윤리적 로봇을 개발하는 방안이다. 하지만 이는 정말로 당위 주장으로 이론상의 가능성일 따름이지 현실적으로 가능할지는 의문이다. 이것이 도덕적 기계로 진화한 AI 로봇이 던지는 근본적인 윤리 물음이다.

참고문헌

김상득(2022). AI 로봇의 도덕 행위자 가능성에 관한 윤리학적 연구. ≪동서철학연구≫, 105, 627-652쪽.

김상득(2024). AI 로봇의 책임 공백에 관한 윤리학적 연구. ≪철학연구≫, 169, 65-90쪽.

Hall, J. S.(2011). Ethics for machines. In M. Anderson & S. L. Anderson(Eds.), *Machine ethics*(pp.28-44). New York: Cambridge University Press

Moor, J. H.(2006). The nature, importance, and difficulty of machine ethics. *IEEE Intelligent systems,* 21(4), pp.18-21.

Wiener, N.(1964). *God and Golem.* Cambridge: MIT Press.

06

도덕적 튜링 테스트

윤리적 기계이고자 한다면 윤리적으로 판단하고 행동한다는 것을 검증할 수 있어야 한다. 기계의 지능을 검사하기 위해 고안된 튜링 테스트를 적용해 AI 로봇의 윤리적 민감성을 검사하도록 고안된 방안이 도덕적 튜링 테스트다. 이 테스트는 로봇이 존재론적으로 마음이나 자유 의지를 지녔는지 묻지 않고 현상적으로 도덕적 기능을 잘 수행하는지를 묻는다.

AI와 야구?

AI 로봇은 암묵적인 윤리 행위자 단계를 넘어 도덕적 자율성을 지닌 명시적인 윤리 행위자로 진화할 수 있다. 이러한 진화는 한편에서는 "이러한 주인 로봇의 개발이 윤리적으로 바람직한가?"라는 규범적 물음을 던지는 반면에 다른 한편에서는 "AI 로봇이 도덕적 자율성을 지녔다는 것을 어떻게 검증할 것인가?"라는 사실적인 물음을 던진다. 이 물음은 인공지능이 개발되면서부터 시작된 오래된 물음이다. 인공지능은 일종의 컴퓨터 시스템이다. 사람 모양을 갖춘 로봇이 이 시스템을 갖게 됨으로서 탄생한 것이 바로 AI 로봇이다. 그렇다면 인공지능, 즉 컴퓨터 시스템이 지능을 갖고 있다는 것을 우리 인간이 어떻게 확인 또는 확신할 수 있는가? 그 답을 우리는 '튜링 테스트(Turing test)'에서 찾을 수 있다. 이 테스트는 지능의 본질은 생각 또는 사유에 있다는 상식에 토대를 두고 다음과 같이 진행된다. 테스트에서 인공지능 프로그램은 5분간 조사자와 대화를 나눈다. 조사자의 할 일은 대화 상대가 프로그램인지 사람인지 추측하는 것이다. 사람이라고 오인한 경우가 30%를 넘는 경우 그 프로그램은 검사를 통과한 것으로 간주한다. 간단히 말해, 얼굴을 가리고 단지 글로 대화를 나누는 기계와 인간의 반응을 보고, 전문가가 기계와 인간의 차이를 구분해 낼 수 없다면 기계는 사유할 수 있는 지능을 가졌다고 여겨도 된다는 주장이다. 앨런 튜링(Alan M. Turing)이 1950년 발표한 "연산 기계와 지능"이라는 논문에서 이 테스트를 처음 소개했기 때문에 그의 이름을 따서 오늘날 튜링 테스트라 불린다. 이는 기계가 실제로 사유하는 지능을 가졌는지를 존재론적으로 묻지 않고 인식론적으로 묻는 일종의 '모방 게임(imitation game)'이다.

도덕적 튜링 테스트

이 물음을 도덕에 적용하면 "기계는 도덕 판단을 할 수 있는가?"라는 물음으로 변형된다. 즉, 튜링 테스트를 도덕에 관한 대화에 적용시켜 윤리적 표준에 관한 불일치를 통과하도록 고안된 테스트가 바로 '도덕적 튜링 테스트(moral Turing test)'다. 학자들에 따라 그 방법이 조금씩 다르지만 이 테스트의 핵심 논리는 튜링 테스트와 흡사하다. 두 시스템의 인풋(input)과 아웃풋(output)이 동일하다면, 그 둘은 동일한 도덕적 지위를 지닌 존재로 간주해야 한다는 것이다. 따라서 인풋과 아웃풋이 동일한데 어느 하나가 도덕 행위자라면, 우리는 다른 하나도 도덕적 행위자로 간주해야 한다는 결론을 내려야 한다. 예를 들어, 도덕 문제를 두고 기계와 인간이 대화를 나누고 있다고 하자. 이 둘을 눈으로 볼 수 없는 제3의 심문자가 밖에서 질문을 던진다. 질문을 받고 둘 다 유사한 도덕적 개념과 도덕 규칙 또는 윤리 원칙에 근거해 합리적인 추론 과정을 거쳐 동일한 도덕적 결론을 내렸다고 하자. 이로 인해 심문자가 우연히 맞힐 개연성 이상으로 기계와 인간을 구분해 낼 수 없다면, 이러한 기계는 도덕 행위자로 간주될 수 있다는 것이 도덕적 튜링 테스트의 골자다.

물론 우리는 이러한 도덕적 튜링 테스트가 과연 AI 로봇의 도덕적 자율성을 검증하는 데 충분한지 의문을 던질 수 있다. 즉, 어떤 AI 로봇이 이 테스트를 통과했다면, 이 로봇은 도덕적 자율성을 갖는가? 일부 학자들은 부정적인 대답을 한다. 그 이유는 두 가지다. 이런 비유를 들어 볼 수 있다. 대학 수학 능력 고사(이하 '수능')를 생각해 보자. 수능은 학생들의 실력을 온전히 평가하는가? 이에 대해 수능 문제가 충분하지 않기 때문에 문제를 더 보완해야 한다고 주장하는 사람들이 있는가 하면, 다른 한편에서는 수능은 근본적으로 5지 선다형 문제로서 비판적 사고력과 같은 실력을 평가할 수 없다고 비판한다. 전자에 해당하는 이유가 테스트의 불완전성이다. 즉, 이 테스트는 도덕적 자율성을 검증하기에는 충분하지 않기 때문에 더 구체적인 테스트 항목을 추가해야 한다고 일부 학자들은 주장한다. 후자의 이유는 테스트 자체의 부적합성이다. 즉, 이러한 도덕적 튜링 테스트는 기본적으로 튜링 테스트에 기반하는데, 튜링의 입장은 일종의 기능주의(functionalism)라는 것이다. 기능주의란 어떤 대상에 대해 그 대상의 본래적 속성이 어떠한지를 묻지 않고 현상적으로 드러난 기능만을 묻는데, 기능만으로는 도덕적 자율성을 검증할 수 없다고 일부 학자들은 비판한다. 존 설(John R. Searle)이 그 대표자로, 아래와 같은 '중국어 방 논변(Chinese room argument)'을 통해 기능주의의 한계를 비판한다.

> 중국어를 전혀 모르는 사람이 방 안에 있다. 그는 일본어와 중국어를 구분조차 못한다. 이 방에는 중국어 기호로 가득한 상자들이 있고, 이들을 조합해 완벽한 문장을 만들기 위한 모든 규칙이 들어 있는 한 권의 책이 있다. 방 밖에는 중국어를 모국어로 하는 사람이 있고 이 사람은 방 안의 사람과 오직 문자로만 대화를 나눌 수 있다. 방 밖의 중국인이 중국어로 된 질문들을 넣어 주니 방 안에 있는 사람은 그 책을 이용해 완벽한 중국어 문장을 작성해 문 밖으로 송출한다.

존 설의 중국어 방 논변

그러면 방 안의 사람은 정말 중국인인가? 존 설은 아니라고 주장한다. 그 이유는 방 안의 주인공은 구문론적으로는 인간과 유사한 중국어 문장을 만들 수 있지만 의미론적으로는 그렇지 않기 때문이다. 다시 말해, 방 안의 주인공은 중국어 단어 하나하나에 대한 의미를 이해하지 못한 채 단지 규칙에 따라 기계적으로 단어들을 연결시키고 있기 때문이다. 중국인인가 아닌가의 물음은 중국어에 대한 의미론적 이해가 본질이라는 것이다. AI 로봇도 이 주인공과 흡사하다. AI 로봇이 설사 사람들이 구별할 수 없을 정도로 중국어 문장을 잘 만든다 할지라도 그 의미를 모르기 때문에 중국인이 될 수 없듯이, AI 로봇이 설사 도덕적 튜링 테스트를 통과할 정도로 도덕 판단을 하고 또 도덕적으로 행동한다 할지라도 인간과 동등한 도덕 행위자는 될 수 없다는 것이다. 도덕 행위자인가 아닌가의 물음은 기능적으로 도덕적 자율성을 지닌 것만으로는 부족하고 그러한 기능을 행사할 수 있는 본질적인 그 무엇이 요구된다는 것이다. 데카르트(René Descartes)는 "나는 생각한다. 고로 나는 존재한다"라고 하였듯이, 생각한다면 생각하는 '나'가 존재해야 한다. 마찬가지로 윤리 판단을 내린다면 판단하는 그 무엇이 존재해야 하는데, 인간에게는 '그 무엇'으로 자아, 마음, 이성 등을 이야기할 수 있다. 하지만 AI 로봇은 생각하는 그 무엇이 아예 없고 오직 알고리즘만 존재할 따름이다.

설의 이러한 반박은 설득력이 있다. 중국어에 관한 구문론적 이해와 의미론적 이해는 구분되어야 한다. 하지만 우리는 여기서 묻는다. 중국인이냐 아니냐의 물음에는 의미론적 이해가 필수적일지 모르지만, 도덕 행위자냐 아니냐의 물음에 왜 도덕 판단의 주체로 마음이나 자아 또는 이성이 필수적인가? 이 물음 이면에는 도덕의 본성에 관한 윤리 형이상학적 물음이 깔려 있다. 즉, 도덕의 본질은 도덕 판단을 내리고 도덕적 행위를 하는 현상에 있는가, 아니면 이러한 판단과 행위의 주체에 해당하는 형이상학적 실체에 있는가? AI 로봇의 도덕 행위자 가능성에 관한 입장은 이 물음에 대한 대답에 따라 갈라진다. AI 로봇의 도덕 행위자 가능성에 대해 후자의 입장은 반대하지만, 전자의 입장은 긍정한다.

참고문헌

변순용·김형주(2019). 모럴튜링테스트(Moral Turing Test) 개발의 이론적 토대. 변순용 편, 『윤리적 AI 로봇 프로젝트』(209-232쪽). 어문학사.

Searle, J. R.(1980). Minds, brains, and programs, *Behavioral and brain sciences,* 3(3), pp.417-457.

Sparrow, R.(2017). The Turing triage test., In W. Wallach & P. Assaro(Eds.), *Machine ethics and robot ethics*(pp.95-105). New York, NY: Routledge.

Wallach, W., & Allen, C.(2009). *Moral machine: Teaching robots right from wrong*, New York: Oxford University Press, 노태복 옮김(2014). 『왜 로봇의 도덕인가』. 메디치.

07
전쟁 로봇의 윤리

드론으로 상징되는 전쟁 로봇이 인류에게 미치는 위험은 알고리즘 오류로 인한 것과 악용으로 인한 것으로 대별된다. 하지만 전쟁 로봇의 더 근본적인 위험은 다른 데 있다. 역설적이게도 그것은 로봇 기술의 미진함이 아니라 로봇 기술의 완벽함이 가져다주는 자율성으로 인한 위험이다. 인간에 의한 윤리적 통제가 불가능한 경우 전쟁 로봇이 인간을 지배할지 모른다.

AI와 윤동주?

AI 로봇의 진화로 인한 위험은 전쟁 로봇으로 인해 현실화되고 있다. '치명적 자율 무기 시스템'을 갖춘 드론이 현재 실제 전쟁에 이용되고 있다. 일단 개념부터 정리하자. 이러한 드론을 우리는 어떻게 이름 붙일 것인가? 킬러 로봇, 전쟁 로봇, 로봇 군인, 군사 로봇 등 다양한 개념이 사용되고 있지만, 킬러 로봇은 의미상 적합하지 않아 보인다. 이러한 드론은 사람을 죽이는 데 목적이 있지 않기 때문이다. 로봇 군인이라는 용어도 의문스럽다. 바둑 인공지능 '알파고'가 바둑 두기는 감당하지만 바둑 기사로는 아직 인정되지 않듯이, 이러한 로봇이 인간 군인을 대신해 전쟁을 수행한다고 해도 군인의 자격을 지닌다고 말하기에는 아직 사회적 합의가 이뤄지지 않고 있기 때문이다. 따라서 그 역할에 충실하게 '전쟁을 수행하는 AI 로봇'이라는 의미를 살려 '전쟁 로봇' 또는 '군사 로봇'이라 이름 붙이는 것이 합당해 보인다.

AI 디바이드와 전쟁 로봇의 윤리

전쟁 로봇이 제기하는 몇 가지 윤리적 물음을 생각해 보자. 일단 거시적 차원에서 전쟁 로봇은 '손쉬운 전쟁 결정'의 결과를 야기할 수 있다. 우리는 전쟁을 쉽게 결정하지 못한다. 승리를 확신하지 못하기 때문이기도 하지만 전쟁은 결국 사람을 죽인다. 적군은 물론 아군의 죽음을 초래하기 때문에 전쟁은 인간 생명 존중이라는 윤리의 근본 원칙에 어긋나기 때문이다. 이런 면에서 전쟁 자체는 도덕적 악이다. 그래서 마치 정당방위에 의한 살인만이 정당화되듯이, 방어 전쟁만이 정의로운 전쟁으로 그 정당성을 인정받는다. 전쟁 로봇의 출현으로 군인, 즉 자국의 국민을 희생하지 않고서도 전쟁을 치를 수 있게 되어 정치가들은 자신의 야망을 포장해 국가를 위한다는 명분으로 전쟁을 쉽게 결정하는 우를 범할 가능성이 점점 높아지고 있다. 이와 더불어 이제 전쟁의 승패는 전쟁 로봇에 달려 있다고 해도 과언이 아니게 되었다. 그런데 전쟁 로봇은 첨단 로봇 공학 기술을 필요로 한다. 이는 곧 로봇 공학 기술의 격차에 의해 전쟁 로봇의 격차가 발생하고, 전쟁 로봇에서 우위를 차지하는 국가가 곧 전쟁에서 승리하게 된다는 말과 같다. 이른바 '로봇 디바이드' 또는 'AI 디바이드(AI divide)'는 교육, 의료, 첨단 산업 등에서 이미 일어나고 있지만, 무엇보다 첨단 무기에서 더 극명하게 드러나 국가 간의 힘의 불균형은 더욱 심화될 것이다. 국가 간의 불균형 못지않게 기업 간의 불균형도 사회적 문젯거리다. 그래서 일부 학자들은 "AI 혜택을 공평하게 분배하라!"고 역설하지만, 힘이 지배하는 국제 사회나 이익을 우선하는 기업이 과연 이러한 윤리 원칙을 준수할지는 의심스럽다.

이런 거시적인 차원과 달리 현실에서는 보다 실질적인 문제를 우려하고 있다. '인공지능 윤리의 5대 문제'로 알려진 AI의 편향성 문제, AI의 오류와 안전성 문제, AI의 악용 문제, 개인 정보 보호 문제, 전쟁 로봇 문제 등은 이미 우리 발등에 떨어진 현실의 문제인데, 특히 전쟁 로봇으로 인해 인류의 도덕 공동체가 직면하게 될 위험을 미래학자들은 가장 우려하고 있다. 전쟁 로봇이 인간에게 가하는 위험은 일반적으로 둘로 구분된다. 하나는 알고리즘의 오류로 인한 위험이고, 다른 하나는 악용에 의한 위험이다. 전자는 제품 결함과 관련된 제작의 윤리에 속하는 반면, 후자는 인간의 의도적 악용과 관련된 이용의 윤리에 속한다. 인간은 윤리적 존재이지만 자기 이익 또는 사적 욕망으로 인해 전쟁 로봇을 의도적으로 악용할 개연성은 언제나 상존한다. 물론 이러한 위험은 이미 핵무기에서도 존재하지만, 그래도 핵무기는 국가 통제하에 있기 때문에 이중적인 안전장치를 통해 그 사용을 상당 부분 통제 가능하다. 하지만 전쟁 로봇은 다르다. 일부에서는 '윤리적 통치자'와 같은 안전장치가 필요하다고 역설하지만, 전쟁 로봇은 민간 기업에서도 얼마든지 제작할 수 있고 또 오늘날 제작되고 있다는 점에 있어서 그 효과는 미지수다.

인간과 로봇의 공생 윤리?

이용자의 의도적인 악용보다 더 우려스러운 점은 제품 결함으로 인한 위험이다. 즉, 제작자의 의도와 달리 알고리즘의 돌연변이로 인해 AI 로봇이 그 원래의 목적과 달리 인간에게 위해를 가할 수 있다. 과학의 진보 역사가 말해 주듯이 그 어떤 기술도 완벽하지 않다. 자율 주행 자동차가 기술적 결함으로 예상치 못한 사고를 일으켜 사람을 치어 죽이는가 하면, 우리나라에서도 최근 파프리카 선별 작업장에서 산업 로봇이 작동 프로그램을 수정 중이던 작업자를 박스로 오인해 위에서 얼굴과 가슴 부위를 집는 바람에 작업자가 사망하는 사고가 발생하기도 했다. 전쟁 로봇의 경우 알고리즘 오작동 또는 돌연변이는 이보다 훨씬 큰 위험을 야기한다. 그래도 제품 결함이나 악용의 문제는 다른 기술에서도 나타나기에 전쟁 로봇에 고유한 문제라고 보기 어렵다. 전쟁 로봇의 위험은 다른 데 있다. 역설적이게도 그것은 로봇 기술의 미진함이 아니라 로봇 기술의 완벽함이 가져다주는 자율성으로 인한 위험이다. 정상적인 작동으로도 전쟁 로봇은 얼마든지 정의로운 전쟁 원칙에 어긋나게 민간인을 학실하고 병원을 파괴할 수 있다. 인간 군인의 경우 지휘관의 명령에 따랐다면 지휘관이 책임을 지고, 군인이 자발적으로 선택했다면 그 자신이 책임을 진다. 하지만 전쟁 로봇의 경우 이러한 도덕적 악에 대해 누가 책임을 져야 하는가? 책임의 당사자로 우리는 로봇 제작자, 군 지휘관, 그리고 로봇 자체를 생각할 수 있다. 일단 제품 결함이 아니기 때문에 제작자에게 책임을 물을 수 없다. 로봇 자신도 인간이 아니기 때문에 책임의 주체가 되기 어렵다. 그렇다면 군 지휘관이 책임을 져야 하는가? 사실 군 지휘관도 이러한 도덕적 해악을 지시하지 않았을 뿐만 아니라 그렇게 할 의도조차 없었다. 전쟁 로봇의 자율성으로 인해 군 지휘관은 로봇을 통제할 힘조차 갖고 있지 않다. 해악에 대해 그 어느 누구도 책임의 주체가 될 수 없다는 것이 전쟁 로봇의 근본적인 윤리적 물음이다. 그래서 일부 학자들은 이러한 책임 물음을 합당하게 해결할 수 있는 사회적 합의나 법률이 제정되기 전에는 전쟁 로봇의 개발에 대해 모라토리엄을 선언해야 한다고 주장한다.

전쟁 로봇의 자율성은 이러한 책임 물음보다 더 심각한 물음을 던진다. 그것은 바로 공상 과학 소설이나 영화의 주제로 등장하는 로봇이 인간을 지배할지 모른다는 불안이다. 한 예로 한스 모라벡(Hans Moravec) 박사는 로봇을 인류가 낳은 '마음의 아이들(mind children)'로 표현하면서, 로봇이 미래 세계를 승계하리라고 예언한다. 단순히 미래 세계를 승계해 AI 로봇과 인간이 공생한다면 그래도 윤리적 파국을 방지할 수 있다. 하지만 막강한 힘을 지닌 전쟁 로봇이 인공지능마저 갖춰 자율성을 갖게 되면 우리 인간을 지배할지 모른다. 즉, 주인이 되고자 인류는 AI 로봇을 개발했는데 역으로 인간이 로봇의 노예로 전락할지 모른다는 위험이다. 토머스 홉스(Thomas Hobbes)가 자연 상태를 '만인의 만인에 대한 투쟁'으로 묘사했듯이, 이렇게 되면 인류는 로봇과 제2의 자연 상태에 돌입하게 될 것이다. 그래도 인간은 사회계약을 통해 국가라는 안전장치를 만들어 더불어 공생하는 사회를 존속시켜 왔지만, 제2의 자연 상태에서 로봇이 인간과 이와 유사한 사회 계약을 맺는다는 보장은 없다. 힘의 우열에서 그 서열이 명백한 경우에는 진화론이 말하는 '약육강식에 의한 적자생존의 논리'만이 절대원칙으로 지배하기 때문이다. 이 절대 원칙에 맞서 인간과 로봇의 공생을 위한 윤리가 과연 가능할까?

참고문헌

김상득(2024). AI 로봇의 책임 공백에 관한 윤리학적 연구. ≪철학연구≫, 169, 65-90쪽.

전창배(2021). 인공지능 윤리의 개념과 5대 핵심. 고영상 외. 『인공지능 윤리 개론』(1-28쪽). 커뮤니케이션북스.

천현득(2019). 군사로봇의 윤리. 이중원 엮음. 『인공지능의 윤리학』(98-130쪽). 한울아카데미.

Himmelreich, J.(2019). Responsibility for killing robots. *Ethical Theory and moral practice,* 22, pp.731-747.

Moravec, H.(1988), Mind children: The future of robot and human intelligence. Cambridge: Harvard University Press, 박우석 옮김(2011). 『마음의 아이들: 로봇과 인공지능의 미래』. 김영사.

Sparrow, R.(2007). Killer robots. *Journal of applied philosophy,* 24(1), pp.62-77.

08
터널 문제와 자율 주행 자동차의 정의

'터널 문제'와 같은 도덕적 딜레마의 경우, 밀러는 '어떻게'가 아니라 '누가'의 물음이 중요하다고 주장한다. '누가'의 후보로 제도적 방안이나 알고리즘에 의한 기술적 방안보다 AI 로봇의 자율적 결정이 그 대안으로 주목받고 있다. 자율성과 윤리적 민감성을 지닌 AI 로봇은 도덕적 능력을 갖고 합당한 결론을 내릴 정도로 진화하고 있기 때문이다.

AI와 한의학?

AI 로봇은 자율성과 윤리적 민감성을 지닌 기계로 진화할 것이다. 물론 이 주장은 하나의 예측일 뿐 아직 현실화되지는 않았다. 그러면 이렇게 진화한 AI 로봇은 도덕적 딜레마 상황에서 어떠한 결정을 내릴 것인가? 제이슨 밀러(Jason Millar)는 AI 로봇의 도덕적 딜레마 상황을 '터널 문제'로 다음과 같이 정식화하고 있다. 자율 주행 자동차가 편도 1차선의 산길 도로를 달리고 있다. 터널에 막 진입하려는 순간 한 어린이가 도로를 횡단하려고 뛰어들었다가 그만 도로 가운데에서 넘어졌고, 이로 인해 터널의 입구가 완전히 막히고 말았다. 이 차는 선택지가 둘밖에 없다. 아이를 치어 죽게 하든가, 터널의 어느 한쪽 벽에 부딪혀 탑승자를 죽게 하든가.

터널 문제: '어떻게' 물음에서 '누구' 물음에로

명시적으로 표현되어 있지는 않지만 이 자동차의 운전자는 AI 로봇이다. 터널 문제는 일단 설계의 관점에서 보면, "도덕적 딜레마 상황에서 AI 로봇이 어떻게 대처하도록 설계해야 하는가?"의 물음을 낳는다. 이를 일반적으로 자율 주행 자동차의 정의(justice) 물음이라고 한다. 여기서 도덕적 기계의 두 차원을 만나게 된다. 하나는 AI 로봇이 단순히 탑재된 윤리적 알고리즘에 따라 움직이도록 하는 방안이다. 즉, 아예 설계자가 아이를 죽도록 할 것인지 아니면 탑승자를 죽도록 할 것인지를 알고리즘으로 결정하도록 하는 방안이다. 하지만 우리는 이 방안에 만족할 수 없다. 왜냐하면 아이를 죽도록 할 것인지 아니면 탑승자를 죽도록 할 것인지의 물음에 대한 윤리적 정답이 존재하지 않기 때문이다. 즉, 아이를 죽게 한다면 AI 로봇은 무고한 인간 생명을 살해하는 기계라는 비난으로부터 자유로울 수 없고, 탑승자를 죽게 한다면 이러한 자율 주행 자동차를 이용할 탑승자가 없을 것이기 때문이다. 따라서 우리는 이러한 AI 로봇에 만족할 수 없다.

이에 대해 밀러는 터널 문제에 접근하는 물음 자체를 바꾸어야 한다고 주장한다. 즉, 윤리적 문제 상황에서 AI 로봇이 어떻게 대처하도록 누가 결정해야 하는가? 그러니까 터널 문제에는 두 가지 물음, 즉 "어떻게 결정해야 하는가?"의 물음과 "누가 결정해야 하는가?"의 물음이 함의되어 있다. 그는 전자를 '어떻게(how)'의 물음으로 후자를 '누구(who)'의 물음으로 구분한 다음, 터널 문제에서 중요한 물음은 후자라고 주장한다. 이렇게 물음을 변형시킨 이유는 도덕적 딜레마 상황에는 정답이 존재하지 않기 때문이다. 정답이 존재하지 않을 때 우리가 선택할 수 있는 실제적인 대안은 바로 합당한 권위를 지닌 결정권자의 선택을 존중하는 것이다. 그래서 터널 문제와 같은 도덕적 딜레마 상황에서 우리는 합당한 도덕적 권위를 지닌 자가 누구인지를 묻게 되는데, 이 물음이 바로 '누구'의 물음이다. 일반적으로 '누구'의 범주에 포함될 수 있는 당사자는 제작자, 사용자, 법률 등 크게 셋이다. 여기서 제작자란 자율 주행 자동차의 제작과 관련된 당사자들로서 기획자 · 설계자 · 프로그래머 등을 모두 포함한다. 이는 한마디로 자동차 제조 회사에 도덕적 결정권을 맡기는 방안이다. 사용자는 말 그대로 자율 주행 자동차를 이용하는 탑승자의 선택을 존중하는 방안이다. 마지막 방안은 국가에서 전문가 집단의 공적 담론을 통해 도덕적 문제 상황에서 로봇이 어떻게 대처해야 하는지 윤리적 가이드라인을 정하고, 이를 법률이나 제도로 규정하는 방안을 말한다. 각각의 방안은 그 나름대로의 장점을 지닐 뿐만 아니라 한계도 지닌다. 우선, 제작자의 결정은 아주 손쉽고 편리하다는 장점을 지니지만 제작자는 제3자에 지나지 않는다는 점이다. 일상적인 자동차의 경우 위기 상황에서 누가 결정하는가? 자동차 회사가 아니라 운전자임에 분명하기 때문이다. 제도적 방안은 사회적 공감대를 얻고 있기에 공적 정의를 실현한다는 장점을 지니지만, 자율 주행 자동차가 직면하게 되는 도덕적 상황이 너무나 다양하기 때문에 그 모든 상황에 적용될 수 있는 가이드라인을 마련하는 데는 현실적으로 불가능하다는 한계를 지닌다.

윤리 옵션: 로봇의 자율적 결정

그래서 우리는 사용자 방안에 주목하게 된다. 지금의 자동차 문화에서 터널 문제와 같은 위기 상황에 직면했을 때 실제로 결정 권한을 가진 이는 운전자다. 그렇다면 자율 주행 자동차의 운전자는 누구인가? 물론 직접적인 운전자는 AI 로봇이지만 간접적인 운전자는 사용자다. 직접적 운전자인 AI 로봇은 법적 또는 도덕적 책임의 담지자가 될 수 없기에 이러한 경우 우리는 간접적인 운전자에게 결정 권한을 맡기는 것이 가장 합당하지 않는가? 우리는 사용자 방안을 도덕적 위기 상황에서 사용자가 직접 결정하는 방안만 생각하는데, AI 로봇의 진화는 또 다른 가능성을 열어 두고 있다. 사용자가 직접 선택하는 방안이 사례별 선택이라면, AI 로봇으로 인해 사용자는 규칙 선택의 방안을 결정할 수 있다. 전자는 선택하기 어려운 문제 상황에 맞닥뜨렸을 때 로봇은 우선 작동을 멈춘 다음에 사용자가 그 문제를 해결할 때까지 기다리도록 하는 방안이다. 이는 현재 운전자가 딜레마 상황에서 일상적으로 취하고 있는 방식으로, 대부분의 공학자들도 이를 선호한다. 반면에 후자는 보행자와 탑승자 가운데 누구를 살릴 것인가에 관한 규칙을 아예 자동차를 구입할 때 사용자가 선택하도록 하는 방안이다. 마치 우리가 자동차를 구입할 때 선루프나 에어백을 '옵션'으로 선택하듯이, 이런 윤리적 딜레마 상황에서 무인 자동차가 어떻게 대처할 것인지를 운전자가 미리 '옵션'으로 선택하도록 할 수 있다. 이를 필자는 '윤리 옵션(option of ethics)'이라고 이름 붙이고자 한다. 사례별 선택이 물리적으로 불가능한 상황을 염두에 둔다면, '윤리 옵션'의 방안도 열어 두는 것이 바람직하다. 물론 이 경우 결정에 대한 책임은 로봇이 아니라 사용자가 진다.

AI 로봇의 진화는 또 하나의 선택지를 윤리 옵션으로 사용자에게 제안한다. 즉, AI 로봇 자체에게 선택을 위임하는 방안이다. AI 로봇이 자율성은 물론 윤리적 민감성을 지닌 존재로 도덕적 선택을 할 수 있기 때문에 오늘날에는 AI 로봇 자체의 결정이 가장 현실적인 방안으로 대두되고 있다. 이는 규칙 선택과 사례 선택이 제한적으로밖에 적용될 수 없기 때문에 불가피해 보인다. "예외 없는 규칙은 없다"라는 격언이 있듯이, 규칙 선택은 예외를 허용할 수밖에 없다. 규칙에 대한 예외의 경우 로봇은 결국 사용자에게 물을 수밖에 없는데, 이렇게 되면 규칙 선택도 사례별 선택을 포함할 수밖에 없다. 문제는 사용자가 사례별로 선택하는 데는 한계가 있다는 사실이다. 즉, 사례별 선택은 사용자의 도덕적 권위 물음을 낳는다. 일상적인 경우 사용자가 선택의 합당한 도덕적 권위를 지니지만, 때로는 상황의 특수성으로 인해 그 도덕적 권위가 의심스러운 경우도 분명 존재한다. 즉, 터널 문제와 같은 도덕적 딜레마 상황은 생사의 문제라는 도덕적 성격을 지닐 뿐만 아니라, 정보 및 시간의 한계라는 실천적 성격도 지닌다. 우리가 왜 자율 주행 자동차를 만드는가? 운전자의 쉼 때문이 아닌가? 사용자인 탑승객이 잠을 자고 있는데 '터널 문제'에 봉착한 경우에도, 사용자가 합당한 도덕적 권위를 지니는가? 이러한 경우 AI 로봇이 사용자보다 훨씬 나은 도덕적 결정을 내릴 수 있다. 이제 우리는 AI 로봇의 결정에 도덕적 권위를 부여할 수밖에 없는 시대를 살아가게 될 것이다.

참고문헌

김상득(2020). 기계의 메타 윤리학: AI 로봇의 윤리적 결정을 중심으로. 《동서철학연구》, 96, 319-346쪽.

김상득(2024). AI 로봇의 책임 공백에 관한 윤리학적 연구. ≪철학연구≫, 169, 65-90쪽.
이중기(2019). 자율주행 자동차와 로봇 윤리: 그 법적 시사점. ≪홍익법학≫, 17(2), 1-25쪽.
정대현(2107). 특이점 인문학. ≪철학≫, 131, 189-216쪽.
Millar, J.(2014.6.11). An ethical dilemma: When robot cars must kill, who should pick the victim?. Robohub. https://robohub.org/an-ethical-dilemma-when-robot-cars-must-kill-who-should-pick-the-victim/

09

Gen AI와 로봇의 권리

젠(Gen) AI는 이미 우리의 일상이 되었다. '생성형 인공지능'이라는 이름이 말해 주듯이 젠 AI는 새로운 무엇을 생성하는 창조자 역할을 한다. 이로 말미암아 젠 AI는 인간의 고유 영역으로 간주되어 온 창작물을 만들어 내고 있다. 그러면 이러한 창작물에 대한 저자의 권리는 누가 갖는가? 로봇 자체가 이러한 권리를 갖는 것이 한당하다는 목소리가 높아지고 있다.

AI와 화장품?

윤리 물음의 논의에서 키워드 역할을 하는 개념 가운데 하나는 권리 또는 의무다. 물론 대개의 경우 권리를 지닌 존재는 동시에 의무를 지닌다. 표준적인 성인이 그 대표적인 예다. 하지만 모든 존재가 권리와 의무를 모두 지니는 것은 아니다. 예를 들어, 어린이는 권리를 지니지만 의무를 지니지는 않는다. 그래서 윤리학에서 도덕적 지위 물음은 크게 둘로 구분된다. 하나는 도덕적 권리의 주체인가라는 물음이고, 다른 하나는 도덕적 의무의 주체인가라는 물음이다. 환경 철학에서 동물도 도덕적 지위를 지닌다고 할 때 그 도덕적 지위란 도덕적 권리를 뜻한다. 이제까지 도덕적 의무의 주체는 오직 인간뿐이다. 그런데 AI 로봇의 도덕적 지위 물음은 주로 도덕적 의무의 관점에서 논의되고 있다. AI 로봇이 도덕 행위자일 수 있느냐의 물음은 곧 AI 로봇은 도덕적 의무를 지니는지의 물음이다. 도덕적 의무의 관점이 아니라 도덕적 권리의 관점에서 AI 로봇의 윤리를 우리는 물을 수 있다. 어떤 존재가 도덕적 권리의 주체가 되면 우리는 그 존재를 도덕적으로 존중해야 한다. 도덕적 권리를 지녀 도덕적 존중을 받는 존재를 윤리학에서는 도덕 수용자(moral patient)라 부른다. 도덕 행위자 관점은 로봇 윤리의 한 쪽 면에 지나지 않는다면서 도덕 수용자의 관점을 일부 학자들은 역설한다.

도덕 수용자 관점

AI 로봇은 도덕적 권리의 주체가 될 수 있는가? 이 물음에 대한 실마리를 우리는 동물의 도덕적 권리를 옹호하는 환경 철학자들의 주장에서 찾을 수 있다. 어떻게 동물은 그 권리를 인정받게 되었는가? 이 물음을 던질 때 환경 철학자들이 염두에 두고 있는 바는 왜 인간은 도덕적 권리를 갖는가의 물음이다. 단지 호모 사피엔스는 인간 종이기 때문이라고 답할 수 없다. 이렇게 되면 성차별이나 인종 차별처럼 또 하나의 종 차별에 해당되기 때문이다. 그래서 환경 철학자들이 찾아낸 대답은 공리주의의 근본 원리다. 즉, 쾌락의 증진 또는 고통의 회피가 윤리의 근본 원리이며, 그것이 누구의 쾌락이든 모든 쾌락은 동등한 가치를 지닌다는 형평성의 원리다. 이를 받아들이면 쾌고 감수 능력을 지닌 모든 존재는 윤리적 고려의 대상이 되어 고통을 받지 않을 권리를 지니게 된다. 그런데 고등 포유동물 역시 쾌고 감수 능력을 지닌다는 점은 동물 생리학이 밝힌 과학적 사실이다. 따라서 우리는 쾌고 감수 능력을 지닌 동물도 도덕적 존중의 대상, 즉 도덕적 권리의 주체가 된다는 결론에 이르게 되었다.

이러한 논변이 AI 로봇에게도 적용될 수 있는가? 안타깝게도 로봇은 생물학적 유기체가 아니어서 쾌고 감수 능력을 지니지 않기 때문에 이러한 논변은 AI 로봇에게 적용할 수 없다. 그러면 우리는 AI 로봇 편에 서서 로봇의 권리를 어떻게 주장할 수 있는가? 가장 손쉬운 전략은 AI 로봇도 쾌고 감수 능력을 지닐 수 있다는 주장이다. 실제로 감정을 지닌 로봇 개발에 많은 학자들이 관심을 갖고 있다. 슬픈 표정을 짓고 목소리로 고통을 호소하며, 심지어 눈물까지 흘리는 로봇이 미래에 출현하지 말라는 법은 없다. 그럼에도 우리는 로봇의 감정에 의문 부호를 던진다. 이는 하나의 외적 표현에 지나지 않고 실제로 로봇은 전혀 고통을 느끼지 않는다고 반박할 수 있기 때문이다. 생물학적 유기체를 기반하지 않는 '기계 감성' 또는 '알고리즘 감정'이 가능한지는 아직 미지수다.

다른 대안은 없는가? 일부 학자들은 접근법 자체를 달리해야 한다고 주장한다. 그 단초를 인간에 대한 아리스토텔레스의 정의에서 찾을 수 있다. 아리스토텔레스는 "인간은 이성적 동물이다"라고 정의했다. 이 정의에서 환경 철학자들은 '동물'에 방점을 찍어 인간과 동물의 공통점, 즉 쾌고 감수 능력을 이유로 동물도 인간과 동등한 도덕적 권리를 지닌다고 주장했다. 하지만 이 정의에서

'이성적'에 방점을 찍어 우리는 도덕적 권리 물음을 논할 수 있다. AI 로봇이 이성을 지녔는지는 의심스럽지만 적어도 이성의 본질적 기능 가운데 하나인 사유 능력을 지녔음은 부인할 수 없다. 인간이 '생각하는 갈대'라면, AI 로봇은 '생각하는 기계'다. 즉, AI 로봇은 쾌고 감수 능력을 지니지는 않지만 생각하는 능력을 갖고 있다. 이 생각하는 능력으로 인해 AI 로봇은 동물과 달리 자율적으로 무엇인가를 만들어 낼 수 있다. 오픈AI연구소의 '챗지피티'로 대표되는 생성형 인공지능(Generative AI, 이하 '젠 AI')은 이를 잘 말해 준다. 전통적 AI와 달리 '생성형 인공지능'이라는 이름이 말해 주듯이 젠 AI는 생성자 역할을 한다. 생성자란 소비자의 요구에 따라 '그 무엇'을 만들어 내는 일종의 '창조자'다. 실제로 젠 AI는 인간의 고유 영역으로 여겨졌던 예술 창작 분야에서도 이미 두각을 나타내고 있다. 예를 들어, 조지아공과대학교에서 개발한 연주 로봇 '시몬(Shimon)'은 타악기 마림바를 수준급으로 연주함은 물론 작사와 작곡, 심지어 노래까지도 한다. 동물은 쾌고 감수 능력을 지니지만 이러한 창작 활동을 하지 못한다. 심지어 젠 AI가 신약을 개발하기도 한다. 그러면 작곡이나 신약 개발에 대한 권리를 누가 갖는가? 현행 법률에 따르면 이에 대한 저작권이나 특허권을 젠 AI가 가질 수 없지만, 일부 학자들은 이는 제작자나 설계자의 작품이 아니라 정말로 젠 AI의 창작품이기 때문에 젠 AI가 그 권리를 가져야 한다고 주장한다. 또 다른 한편으로 동물과 달리 로봇은 의무의 주체가 될 수 있다. 즉, AI 로봇은 비록 도덕 행위자의 지위를 갖지 못한다 할지라도 로봇 윤리가 말하듯 준수해야 하는 윤리 원칙 또는 도덕적 의무를 지닌다. 그런데 권리의 주체가 의무의 주체는 아닐 수 있지만, 그 역은 일반적으로 성립하지 않는다. 즉, 의무는 권리를 동반한다.

사회적 합의와 로봇의 권리

이러한 이유로 AI 로봇에게도 권리가 부여되어야 한다는 목소리가 점점 높아지고 있다. 문제는 무엇에 근거해 권리를 부여하느냐의 물음이다. 그 근거를 우리는 사회계약론에서 찾을 수 있다. 홉스가 자연 상태를 '만인의 만인에 대한 투쟁'으로 묘사했듯이, 계약 이전에는 권리란 아예 존재하지 않는다. 물론 오늘날 천부 인권을 주장하지만, 계약론에 따르면 권리란 생득적이지 않고 사회계약에 의해 부여되는 것이다. 계약이란 오늘날로 말하면 사회적 합의다. 사회적으로 유용하면 우리는 합의를 통해 인간이 아닌 실재에 대해서도 권리를 부여할 수 있다. 그 단적인 예가 기업이다. AI 로봇에 대해서도 사회적 합의를 통해 우리는 권리를 부여할 수 있다. AI 로봇에게 권리를 인정하는 것이 그렇지 않는 것보다 사회적으로 유용하다면 우리는 얼마든지 AI 로봇의 권리에 대해 사회적 합의에 도달할 수 있다. 실제로 유럽연합은 로봇을 '전자 인간(electronic persons)'으로 규정하고 있다. 특허권이나 저작권에서 알 수 있듯이, 젠 AI의 생성물에 대해 젠 AI 자체에게 그 권리를 인정하지 않을 경우 누구에게 그 권리가 귀속되는가의 물음이 발생한다. 만약 제작자나 설계자에게 귀속된다면 'AI 디바이드'가 사회적 불평등을 더욱 부채질할 것이다. 젠 AI를 소유한 자는 '탁월한 작품'을 생성해 그 특허권을 통해 엄청난 수입을 얻을 것이기 때문이다. 이러한 '불로 소득'은 정의의 이념에도 어긋난다. 물론 AI 로봇에게 권리를 인정할 경우 그 수익을 어떻게 분배할 것인가 등 여러 다른 물음들이 발생하지만, 이 역시 지혜를 모은다면 얼마든지 사회적 합의를 통해 해결될 수 있다.

참고문헌

김상득(2024). Gen AI와 연구윤리. ≪동서철학연구≫, 112, 303-327쪽.

이희대·신한수(2121). AI 융합 뉴미디어와 윤리. 고영상 외. 『인공지능 윤리 개론』(261-287쪽). 커뮤니케이션북스.

Gunkel, D.(2018). The other question: Can and should robots have rights?. *Ethics and information technology*, 20, pp.87-99.

Gunkel, D.(2017). A vindication of the rights of machines. In W. Wallach & P. Assaro(Eds.), *Machine ethics and robot ethics*(pp.511-530). New York, NY: Routledge.

10
AI 로봇의 도덕적 책임

AI 로봇은 인간처럼 기계 학습을 통해 자율적으로 판단하고 또 자율적으로 행동하는 단계까지 진화할 것이다. 이러한 로봇이 사고로 도덕적 해악을 야기했다면 그 도덕적 책임은 누구에게 귀속되는가? 책임에 관한 표준적 조건에 따르면 어느 누구에게도 우리는 도덕적 책임을 물을 수 없다. 이를 책임 공백의 물음이라 한다. 이에 대한 합당한 해결책은 무엇인가?

종교와 AI?

AI 로봇이 도덕 행위자가 될 수 있는 가능성에 대해 열린 마음을 갖는 데서 하나의 걸림돌은 도덕적 책임의 물음, 즉 "AI 로봇은 도덕적 책임의 주체가 될 수 있는가?"다. 일반적으로 AI 로봇과 관련되어 도덕적 책임 물음은 서로 다른 세 차원에서 제기되고 있다. 첫째는 AI 로봇의 제작 및 사용과 관련된 인간의 책임 물음이다. 살상용 전쟁 로봇의 제작은 공학자의 책임 있는 행위인가? 둘째는 도덕 행위자와 관련된 책임 물음이다. 즉, 도덕적 책임은 도덕 행위자의 필요조건인가? 일부 학자들은 도덕적 책임은 도덕 행위자의 필요조건이 아니기 때문에 로봇도 도덕 행위자가 될 수 있다고 제안하지만, 많은 학자들이 이를 이유로 AI 로봇은 도덕 행위자가 될 수 없다고 주장한다. 마지막 셋째는 AI 로봇의 행위 또는 결과에 대해 누가 도덕적 책임을 져야 하는가의 물음이다. 서로 연관되어 있지만 우리는 여기서 마지막 세 번째 물음에 국한해 논의하고자 한다. 그 이유는 세 번째 물음이 가장 현실적인 물음이기 때문이다. 즉, 책임이 도덕 행위자의 필요조건인가의 물음과 상관없이 로봇 공학은 자율적인 AI 로봇을 만들어 낼 것이고 그 결과로 도덕적 해악이 발생할 것인데, 이에 대한 책임 물음이 해결되지 않으면 억울한 희생자가 발생하기 때문이다.

책임 공백의 물음

이해의 편의를 위해 A가 탑승하고 있는 자율 주행 자동차가 보행자 두 사람을 사망케 하는 사고를 냈다고 하자. 이 사고에 대한 책임은 '누구'에게 있는가? 제품 결함이 아니라면, 이런 경우 우리는 탑승자에게 그 책임을 물어야 한다고 손쉽게 생각한다. 하지만 엄밀히 말해 운전자는 탑승자가 아니라 AI 로봇이다. 이 자동차는 자율 주행으로, 탑승자가 그 운행을 통제할 수 없다. 그렇다고 AI 로봇에게 책임을 물을 수도 없다. 물론 우리는 여기서 법적 책임과 도덕적 책임을 구분해야 한다. 이러한 경우 사회적 합의를 통해 법적 책임 또는 배상 책임이 누구에게 있는지를 법적으로 규정할 수 있지만, 우리는 지금 도덕적 책임을 묻고 있다. AI 로봇은 이해관계를 지니지 않을 뿐만 아니라 도덕적 비난에 대해서도 무관심하기 때문에 로봇에게 도덕적 책임을 묻는 것은 사실상 무의미하다. 이렇게 되면 제작자도, 사용자에 해당하는 탑승자도, 그리고 행위 당사자인 AI 로봇에게도 책임을 물을 수 없는 기이한 상황이 발생한다. 이처럼 도덕적 해악은 발생했지만 어느 누구도 도덕적 책임을 지지 않는 상황을 안드레 마티아스(Andre Matthias)는 '책임 공백(responsibility gap)'이라는 개념으로 설명한다.

왜 이러한 책임 공백 물음이 발생하는가? 두 가지 이유 때문인데, 하나는 AI 로봇의 자율성이다. 마티아스가 지적했듯이, 책임 공백 물음은 '학습하는 자동 기계' 탓이다. 스스로 학습해 자율적으로 판단하고 행동하는 기계로 진화함에 따라 이제 인간은 AI 로봇의 행동을 통제할 수 없는 단계에 이르렀다. 이를 그는 "이러한 방향으로 계속 진보함에 따라, 프로그래머의 역할은 소프트웨어 메커니즘의 암호자(coder)에서 창조자(creator)로 바뀌어 가고 있다"라고 설명한다. '창조자' 은유는 창조 후 인간에 대한 하나님의 개입이 점점 줄어들고 인간의 자율성이 증대되었다는 사실에 그 토대를 두고 있다. 한마디로 로봇이 자율적 존재가 되었다는 것이 창조자 은유의 본질이다. 하지만 그의 창조자 비유는 일종의 아이러니다. 왜냐하면 이 은유는 로봇의 자율성을 잘 웅변해 주지만, 또 다른 본질인 책임의 측면에 있어서는 인간과 로봇을 다르게 취급하고 있기 때문이다. 즉, 로봇의 자율성을 인정하면서도 책임 담지자의 지위는 부정하는 아이러니로 인해 책임 공백이 발생하고 있다. 다른 또 하나의 이유는 다음과 같은 책임의 표준적 조건이다.

① 행위성 조건: 행위 주체는 시비선악을 분별할 수 있을 뿐만 아니라 의도를 갖고 계획을 세워 실행할 수 있는

자율적인 행위자다.

② 인과성 조건: 행위자의 행위와 결과적인 사태 사이에는 인과적 관계가 성립한다.

③ 회피 가능성 조건: 행위자는 달리 행할 수 있는 합당한 기회를 갖고 있다.

①의 행위성 조건은 행위 주체에 관한 조건으로 도덕적 판단 능력 및 행위 능력을 지니는지를 묻고 있다. ②의 인과성 조건은 쉽게 말해, 어떤 결과에 대해 그 결과의 원인 제공자여야 책임을 물을 수 있다는 조건이다. ③의 회피 가능성 조건은 달리 행동할 수 있는 대안적 선택지가 있었는지를 묻는다. 법적 책임과 달리 도덕적 책임은 불가피한 행위에 대해서는 도덕적으로 비난하지 않는다. 탑승자는 ①의 조건을 충족시키지만 ②와 ③의 조건을 충족시키지 않는다. 반면에 AI 로봇은 ②와 ③의 조건을 충족시키지만 ①의 조건이 의심스럽다. 그렇기 때문에 우리는 탑승자에게도 AI 로봇에게도 책임을 물을 수 없는 곤란한 상황이 발생하는데, 이것이 바로 책임 공백의 물음이다.

책임의 주체로서의 로봇

책임 공백 물음은 탑승자와 AI 로봇이 관련된 일종의 도덕적 딜레마다. 그래서 논리적으로는 제3자에게 묻는 해결책도 가능하지만 이는 법적 책임에는 해당되지만 도덕적 책임의 경우 어렵다. 그래서 현재 두 가지 방안이 모색 중이다. 가장 손쉬운 첫 번째 전략은 AI 로봇에게 책임을 묻는 기술 중심주의 접근법이다. AI 로봇은 ②와 ③의 조건을 충족시킨다. 문제는 ①의 조건인데, 도덕 행위자 조건을 완화시키면 AI 로봇도 얼마든지 도덕 판단을 내리는 자율적인 도덕 행위자가 될 수 있다. 이에 대해 일부에서는 AI 로봇이 책임의 세 조건을 충족시킨다고 해서 과연 그렇게 하는 것인 윤리적으로 바람직한지를 묻는다. 왜냐하면 이렇게 되었을 때 인간이 만들고 인간이 이용하면서도 그 책임을 회피하는 '윤리적 몰염치 상황'이 발생하기 때문이다. 또 다른 해결책인 인간 중심주의 접근법은 이러한 비난을 해결해 준다. 즉, 이 접근법은 책임에 관한 전통적인 표준적 조건 ①에 충실해 오직 인간에게만 책임을 묻는다. 이 방안은 ②와 ③에 대해 유연한 입장을 취한다. 즉, ②에 대해서는 자율 주행 자동차를 이용한 이는 바로 탑승자이기 때문에 간접적인 인과성이 인정된다고 주장하고, ③에 대해서는 AI 로봇의 행동은 일종의 운에 해당된다고 주장한다. 자율 주행 자동차가 도입되기 전에도 불가피한 실존적 상황으로 인해 사고를 야기했을 경우 회피 가능성 조건이 충족되지 않아도 운전자는 그 도의적 책임으로부터 자유롭지 않았다. 로봇의 행동 결과를 이러한 실존적 운으로 받아들이면 탑승자는 로봇이 야기한 도덕적 해악에 대해서도 도의적 책임을 질 수밖에 없다는 것이다. 가장 현실적인 방안이지만 이 방안을 수용하자면 우리는 직접적인 원인 제공자가 아니어도, 그리고 회피 가능성 조건이 충족되지 않아도 책임을 감당하도록 책임의 표준적 조건을 상당 부분 수정해야 할 뿐만 아니라 책임의 외연을 상당히 폭넓게 인정하는 부담을 지게 된다. 로봇 공학이 만들어 내는 새로운 시대는 새로운 도덕적 책임을 낳기에 우리는 이를 인정할 수밖에 없지 않는가?

참고문헌

고인석(2022). 『인공지능과 로봇의 윤리』. 세창출판사.

김상득(2023). AI 로봇의 도덕적 책임에 관한 윤리학적 연구. ≪동서철학연구≫, 107, 57-284쪽.

김상득(2024). AI 로봇의 책임 공백에 관한 윤리학적 연구. ≪철학연구≫, 169, 65-90쪽.

이중원(2019). 책무성 중심의 인공지능 윤리학의 모색. 『인공지능의 윤리학』(224-262쪽). 한울아카데미.

Braham, M., & VanHees, M.(2011). Responsibility voids. *The philosophical quarterly,* 61(242), pp.6-15.

De Jong, R.(2020). The retribution-gap and responsibility-loci related to robots and automated technologies: A reply to Nyholm. *Science and engineering ethics,* 26(8), pp.727-735.

Matthias, A.(2004). The responsibility gap: Ascribing responsibility for the actions of learning automata. *Ethics and information technology,* 6(3), pp.175-183.

Van de Poel, I.(2015). Moral responsibility, In *Moral responsibility and the problem of many hands*(pp.12-49). Oxon and New York: Routledge.

김상득

전북대학교 철학과 교수다. 서울대학교 철학과를 졸업하고 동 대학원에서 "응용윤리학 방법론 연구"로 철학박사 학위를 받았다. 서울대학교와 서울교육대학교 등에서 강의했으며, 연세대학교 의과대학에서 Post-Doc. 과정과 연구강사를 역임했고, 미국 조지타운대학교 케네디윤리학 연구소에서 객원 연구원으로 활동한 바 있다. 생명 윤리, 인공지능의 윤리, 사회 정의 등에 관심을 갖고 연구하고 있다. 저서로 『알기 쉬운 윤리학』(2013), 『유전자 윤리학』(2009), 『생명의료 윤리학』(2000) 등이 있으며, "AI 로봇의 책임 공백에 관한 윤리학적 연구"(2024), "낙태법 관련 헌법재판소 결정에 관한 '윤리 법정'"(2023), "기계의 메타 윤리학"(2020), "소수집단 우대 조치에 관한 윤리학적 연구"(2017) 등의 논문이 있다.